Sous Vide Eksperimenti

Okusi koje Oblikuje Nježnost u Kuhinji

Matea Kovač

Sadržaj

Slatko-kisela pileća krilca 9

Citrusna pileća prsa 11

Piletina punjena artičokama 13

Hrskavi pileći zamotuljak sa slaninom 14

Piletina sa sušenim rajčicama 15

Piletina od povrća sa soja umakom. 16

Kineska pileća salata sa lješnjacima 18

Paprika pileći ručak 20

Pileći paprikaš s ružmarinom 21

Hrskava piletina sa gljivama 22

Začinjena piletina s gulašom od butternut tikve 24

Piletina od cilantra s umakom od maslaca od kikirikija 26

Varivo od piletine i poriluka 28

Pileći batak sa senfom 30

Pileća salata sa sirom i slanutkom 32

Složena piletina sa sirom 34

Piletina na kineski način 36

Pileće okruglice s origanom 37

Cornish kokoš punjena rižom i bobicama 39

Šah pileće rolice 41

Salata od mente s piletinom i graškom 43

Piletina sa začinskim biljem i umakom od vrhnja od gljiva 45

Hrskavo pržena piletina 47

Zelena pileća salata s bademima 49

Piletina s mlijekom i kokosom.. 51

Rimsko jelo od slanine i piletine.. 53

Cherry rajčica, avokado i salata od piletine............................ 54

Chili piletina.. 56

Pileća krilca s okusom meda 58

Zelena piletina s curry rezancima 60

Pesto pileći zalogaji s avokadom 62

Pileće okruglice sa sirom.. 64

Pureći hamburger sa sirom 66

Puretina punjena slaninom i orasima umotana u šunku 68

Cezar salata tortilja rolada sa puretinom................................. 70

Pureća rolada od kadulje 72

Pureća prsa timijana.. 74

Burgeri s purećim mesnim okruglicama i pestom..................... 75

Pureća prsa s orasima.. 77

Začinjeno jelo od puretine... 78

Puretina u umaku od naranče... 79

Pureći but s majčinom dušicom i ružmarinom 81

Pureća prsa s klinčićima 83

Pureća prsa s koprom i ružmarinom 84

Pečena slatka patka 85

Pačja prsa... 87

Orange Goose Confit.. 88

Tjestenina od kozica s limunom i sirom 90

Halibut sa slatkim šerijem i miso glazurom 92

Hrskavi losos sa slatkom glazurom od đumbira 94

Citrusna riba s umakom od kokosa 96

Vahnja poširana s limetom i peršinom 98

Hrskava tilapija sa senfom i umakom od javora 100

Senf od sabljarke 102

Začinjene riblje tortilje 103

Odrezak tune s bosiljkom 105

Salata od sabljarke i krumpira s Kalamata maslinama 107

Dimljeni losos 110

Jakobove kapice s maslacem i pancetom 112

Linguine od lignji s čilijem i limunom 114

Meso rakova s umakom od limete i maslaca 116

Nordijski brzi losos 117

Ukusna pastrva sa senfom i tamari umakom 118

Tuna od sezama s umakom od đumbira 119

Božanstvena rolada od rakova s češnjakom i limunom 121

Začinjena pougljena hobotnica s umakom od limuna 123

Kebab od kreolskih račića 125

Kozice s pikantnim umakom 127

Halibut s lukom i estragonom 128

Biljni maslac Limun Bakalar 130

Horkants s Beurre Nantais 132

Pahuljice od tune 134

Jakobove kapice na maslacu 135

Sardine od mente 136

Orada u bijelom vinu 137

Salata od lososa i kelja s avokadom 138

Losos od đumbira 140

Dagnje u svježem soku limete 141

Odrezak tune mariniran u začinskom bilju 142

Kolačići od rakova 144

Chili Smelts 146

Marinirani file soma 148

Kozice s peršinom i limunom 150

Sous Vide iverak 151

Potplat s limunovim maslacem 153

Bakalar s pečenim bosiljkom 155

Svijetla tilapija 156

Losos sa šparogama 157

Curry skuša 158

Lignje s ružmarinom 159

Prženi limunski škampi 160

Hobotnica na žaru 161

Odresci divljeg lososa 163

Varivo od tilapije 164

Školjke s maslacem s paprom 166

korijander pastrva 168

Koluti od sipe 169

Salata od čili račića i avokada 170

Maslac Red Snapper s citrusnim umakom od šafrana 172

File bakalara u kori od sezama 174

Kremasti losos s umakom od špinata i senfa 176

Dagnje s paprikom i svježa salata 178

Slatke školjke s mangom 180

Poriluk i škampi s vinaigrette od senfa 182

Juha od kokosovih račića 184

Medeni losos sa soba rezancima 186

Gurmanski jastog s majonezom 188

Party koktel od škampa 190

Herby limun losos 192

Slani rep jastoga s maslacem 194

Tajlandski losos s rezancima od cvjetače i jaja 195

Lagani brancin s koprom 197

Promiješajte pržene slatke chili kozice 198

Voćne tajlandske kozice 200

Dublinska hrana s kozicama s limunom 202

Sočne dagnje s umakom od čilija i češnjaka 204

Curry škampi s rezancima 206

Pikantni kremasti bakalar s peršinom 207

Francuski Pot de Rillettes s lososom 209

Losos od kadulje s pireom od kokosa 210

Dječje jelo od hobotnice s koprom 212

Slani losos u holandskom umaku 213

Nevjerojatan losos od limuna i bosiljka 215

Slatko-kisela pileća krilca

Vrijeme pripreme + kuhanja: 2 sata 15 minuta | Porcije: 2

Sastojci

12 pilećih krilaca

Sol i crni papar po ukusu

1 šalica mješavine pilećeg mesa

½ šalice vode

½ šalice tamari umaka

½ nasjeckanog luka

5 režnjeva češnjaka nasjeckanih

2 žličice đumbira u prahu

2 žlice smeđeg šećera

¼ šalice mirina

Sezamove sjemenke za dekoraciju

Kaša od kukuruznog škroba (pomiješana s 1 žlicom kukuruznog

škroba i 2 žlice vode)

Maslinovo ulje za prženje

upute

Pripremite vodenu kupelj i stavite Sous Vide u nju. Postavite na

147F.

Stavite pileća krilca u vrećicu koja se može zatvoriti, začinite solju i paprom. Ispustite zrak istiskivanjem vode, zatvorite i uronite vrećicu u vodenu kupelj. Kuhajte 2 sata. Nakon što se tajmer zaustavi, uklonite vrećicu. Zagrijte tavu s uljem.

U zdjeli pomiješajte 1/2 šalice pečene smjese i 1/2 šalice vode. Preostalu smjesu za pečenje izlijte u drugu zdjelu. Krilca uronite u mokru pa u suhu smjesu. Pržite 1-2 minute dok ne postanu hrskavi i zlatno smeđi.

Za umak zagrijte lonac i ulijte sve sastojke; kuhajte dok ne zapene. Umiješajte krilca. Pospite sezamom i poslužite.

Citrusna pileća prsa

Vrijeme pripreme + kuhanja: 3 sata | Porcije: 2

Sastojci

1½ žlice svježe iscijeđenog soka od naranče

1½ žlice svježe iscijeđenog soka od limuna

1½ žlice smeđeg šećera

1 žlica Pernod

1 žlica maslinovog ulja

1 žlica cjelovitih žitarica

1 žličica sjemenki celera

Posoliti po ukusu

¾ žličice crnog papra

2 pileća prsa, s kostima, s kožom

1 komorač, izrezan na ploške

2 klementine, neoguljene i narezane na ploške

Sitno nasjeckani kopar

upute

Pripremite vodenu kupelj i stavite Sous Vide u nju. Postavite na 146F.

Pomiješajte sok od limuna, sok od naranče, Pernod, maslinovo ulje, sjemenke celera, smeđi šećer, senf, sol i papar u zdjeli. Dobro promiješajte. Stavite pileća prsa, narezanu klementinu i narezani komorač u vrećicu koja se može zatvoriti. Dodajte smjesu od naranče. Ispustite zrak istiskivanjem vode, zatvorite i uronite vrećicu u vodenu kupelj. Kuhajte 2 sata i 30 minuta. Nakon što se tajmer zaustavi, izvadite vrećicu i prebacite sadržaj u zdjelu. Ocijedite piletinu i juhu stavite u zagrijani lonac.

Kuhajte oko 5 minuta dok ne postane mjehurić. Izvadite ga i dodajte piletini. Pecite dok ne porumene 6 minuta. Piletinu servirajte na tanjur i prelijte umakom. Ukrasite listićima kopra i komorača.

Piletina punjena artičokama

Vrijeme pripreme + kuhanja: 3 sata 15 minuta | Porcije: 6

Sastojci:

2 kilograma fileta pilećih prsa isječenog na leptiriće

½ šalice nasjeckanog mladog špinata

8 protisnutih češnjaka

10 srca artičoke

Sol i bijeli papar po ukusu

4 žlice maslinovog ulja

upute:

U sjeckalici pomiješajte artičoke, papar i češnjak. Miksajte dok potpuno ne postane glatko. Ponovno promiješajte i postupno dodajte ulje dok se dobro ne sjedini.

Napunite svaka prsa jednakim količinama mješavine artičoka i nasjeckanog mladog špinata. File prsa preklopite unatrag i pričvrstite rub drvenim ražnjićima. Začinite solju i bijelim paprom, pa stavite u posebnu vrećicu koja se može zatvoriti vakuumom. Zatvorite vrećice i kuhajte Sous Vide 3 sata na 149F.

Hrskavi pileći zamotuljak sa slaninom

Vrijeme pripreme + kuhanja: 3 sata 15 minuta | Porcije: 2

Sastojci

1 pileća prsa

2 trake pancete

2 žlice Dijon senfa

1 žlica ribanog pecorino romano sira

upute

Pripremite vodenu kupelj i stavite Sous Vide u nju. Postavite na 146F. Pomiješajte piletinu sa soli. Obje strane marinirajte Dijon senfom. Prelijte sirom Pecorino Romano i omotajte pancetu oko piletine.

Stavite u vrećicu koja se može vakuumski zatvoriti. Ispustite zrak istiskivanjem vode, zatvorite i uronite vrećicu u vodenu kupelj. Kuhajte 3 sata. Nakon što se tajmer zaustavi, izvadite piletinu i osušite je tapkanjem. Zagrijte tavu na srednjoj vatri i pržite dok ne postane hrskavo.

Piletina sa sušenim rajčicama

Vrijeme pripreme + kuhanja: 1 sat 15 minuta | Porcije: 3

Sastojci:

1 kg pilećih prsa bez kože i kostiju

½ šalice sušenih rajčica

1 žličica sirovog meda

2 žlice svježeg soka od limuna

1 žlica svježe metvice, sitno nasjeckane

1 žlica mljevene ljutike

1 žlica maslinovog ulja

Sol i crni papar po ukusu

upute:

Pileća prsa isperite hladnom tekućom vodom i osušite kuhinjskim papirom. Ostavite to sa strane, ignorirate.

U srednjoj zdjeli pomiješajte sok od limuna, med, mentu, ljutiku, maslinovo ulje, sol i papar. Dobro promiješajte. Dodajte pileća prsa i sušene rajčice. Protresti da se sve dobro obloži. Stavite sve u veliku vrećicu koja se može zatvoriti. Stisnite vrećicu kako biste uklonili zrak i zatvorite poklopac. Kuhajte Sous Vide 1 sat na 167F. Izvadite iz vodene kupelji i odmah poslužite.

Piletina od povrća sa soja umakom.

Vrijeme pripreme + kuhanja: 6 sati 25 minuta | Porcije: 4

Sastojci

1 cijelo pile s kostima, zavrnuto

1 litra pilećeg temeljca s niskim sadržajem natrija

2 žlice soja umaka

5 grančica svježe kadulje

2 suha lista lovora

2 šalice narezane mrkve

2 šalice narezanog celera

½ oz suhih gljiva

3 žlice maslaca

upute

Pripremite vodenu kupelj i stavite Sous Vide u nju. Postavite na 149F.

Pomiješajte soja umak, pileći temeljac, začinsko bilje, povrće i piletinu. Stavite u vrećicu koja se može vakuumski zatvoriti. Ispustite zrak istiskivanjem vode, zatvorite i uronite vrećicu u vodenu kupelj. Kuhajte 6 sati.

Nakon što se tajmer zaustavi, izvadite piletinu i ocijedite povrće. Posušiti pladnjem. Začinite maslinovim uljem, solju i paprom. Zagrijte pećnicu na 450 F. i pecite 10 minuta. U loncu promiješajte temeljac od kuhanja. Maknite s vatre i pomiješajte s maslacem. Narežite piletinu bez kože, začinite košer solju i mljevenim crnim paprom. Poslužiti na tanjur. Prelijte umakom.

Kineska pileća salata sa lješnjacima

Vrijeme pripreme + kuhanja: 1 sat 50 minuta | Porcije: 4

Sastojci

4 velika pileća prsa bez kože i kostiju

Sol i crni papar po ukusu

¼ šalice meda

¼ šalice soja umaka

3 žlice maslaca od kikirikija, otopljenog

3 žlice sezamovog ulja

2 žlice biljnog ulja

4 žličice octa

½ žličice dimljene paprike

1 glavica iceberg salate, natrgana

3 mlada luka nasjeckana

¼ šalice nasjeckanih lješnjaka, prženih

¼ šalice prženih sjemenki sezama

2 šalice wonton trakica

upute

Pripremite vodenu kupelj i stavite Sous Vide u nju. Postavite na 152F.

Piletinu pomiješajte sa soli i paprom i stavite u vakum vrećicu. Ispustite zrak istiskivanjem vode, zatvorite i uronite vrećicu u vodenu kupelj. Kuhajte 90 minuta.

U međuvremenu pomiješajte med, sojin umak, maslac od kikirikija, sezamovo ulje, biljno ulje, ocat i papriku. Miksajte dok ne postane glatko. Ostavite da se ohladi u hladnjaku.

Nakon što se tajmer zaustavi, izvadite piletinu i osušite je kuhinjskom krpom. Izlijte tekućinu od kuhanja. Pileća prsa narežite na male komadiće i stavite u zdjelu za salatu. Dodajte salatu, mladi luk i lješnjake. Prelijte ga preljevom. Ukrasite sezamom i wonton trakicama.

Paprika pileći ručak

Vrijeme pripreme + kuhanja: 1 sat 15 minuta | Porcije: 2

Sastojci

1 pileća prsa bez kostiju, prerezana na pola

Sol i crni papar po ukusu

Papar po ukusu

1 žlica paprike

1 žlica češnjaka u prahu

upute

Pripremite vodenu kupelj i stavite Sous Vide u nju. Postavite na 149F. Piletinu operite i osušite na limu za pečenje. Začinite češnjakom u prahu, paprikom, paprom i soli. Stavite u vrećicu koja se može vakuumski zatvoriti. Ispustite zrak istiskivanjem vode, zatvorite i potopite u vodenu kupelj. Kuhajte 1 sat. Nakon što se tajmer zaustavi, izvadite piletinu i poslužite.

Pileći paprikaš s ružmarinom

Vrijeme pripreme + kuhanja: 4 sata 15 minuta | Porcije: 2

Sastojci

2 pileće nogice

6 režnjeva protisnutog češnjaka

¼ žličice cijelog crnog papra

2 lista lovora

¼ šalice tamnog soja umaka

¼ šalice bijelog octa

1 žlica ružmarina

upute

Pripremite vodenu kupelj i stavite Sous Vide u nju. Postavite na 165F. Pileće batake pomiješajte sa svim sastojcima. Stavite u vrećicu koja se može vakuumski zatvoriti. Ispustite zrak istiskivanjem vode, zatvorite i potopite u vodenu kupelj. Kuhajte 4 sata.

Nakon što se tajmer zaustavi, izvadite piletinu, bacite lovorov list i ostavite sok od kuhanja. Zagrijte ulje repice u tavi na srednje jakoj vatri i ispecite piletinu. Dodajte temeljac i kuhajte dok ne dobijete željenu gustoću. Umak procijediti i puniti piletinu.

Hrskava piletina sa gljivama

Vrijeme pripreme + kuhanja: 1 sat 15 minuta | Porcije: 4

Sastojci

4 pileća prsa bez kostiju

1 šalica panko krušnih mrvica

1 funta narezanih portobello gljiva

Mala hrpica majčine dušice

2 jaja

Sol i crni papar po ukusu

Repičino ulje po ukusu

upute

Pripremite vodenu kupelj i stavite Sous Vide u nju. Postavite na 149F.

Stavite piletinu u vakuumsku vrećicu koja se može zatvoriti. Začinite solju i majčinom dušicom. Ispustite zrak istiskivanjem vode, zatvorite i potopite u vodenu kupelj. Kuhajte 60 minuta.

U međuvremenu zagrijte tavu na srednje jakoj vatri. Kuhajte gljive dok voda ne ispari. Dodajte 3-4 grančice majčine dušice. Posoliti i popapriti. Nakon što se tajmer zaustavi, uklonite vrećicu.

Zagrijte tavu s uljem na srednje jakoj vatri. Pomiješajte panko sa soli i paprom. Složite piletinu u smjesu za panko. Pržite obje strane 1-2 minute. Poslužite s gljivama.

Začinjena piletina s gulašom od butternut tikve

Vrijeme pripreme + kuhanja: 1 sat 15 minuta | Porcije: 2

Sastojci

6 pilećih filea

4 šalice butternut tikve, narezane na kockice i pečene

4 šalice rikule

4 žlice narezanih badema

Sok od 1 limuna

2 žlice maslinovog ulja

4 žlice crvenog luka, sitno nasjeckanog

1 žlica paprike

1 žlica kurkume

1 žlica kumina

Posoliti po ukusu

upute

Pripremite vodenu kupelj i stavite Sous Vide u nju. Postavite na 138F.

Stavite piletinu i sve začine u vrećicu koja se može zatvoriti. Ispustite zrak istiskivanjem vode, zatvorite i potopite u vodenu kupelj. Kuhajte 60 minuta.

Nakon što se tajmer zaustavi, izvadite vrećicu i prebacite piletinu u vruću tavu. Pržite 1 minutu po strani. Ostale sastojke pomiješajte u zdjeli. Uz salatu poslužite piletinu.

Piletina od cilantra s umakom od maslaca od kikirikija

Vrijeme pripreme + kuhanja: 1 sat 40 minuta | Porcije: 2

Sastojci

4 pileća prsa

1 vrećica miješane salate

1 vezica korijandera

2 krastavca

2 mrkve

1 paket wonton omota

Ulje za prženje

¼ šalice maslaca od kikirikija

Sok od 1 limete

2 žlice nasjeckanog korijandera

3 češnja češnjaka

2 žlice svježeg đumbira

½ šalice vode

2 žlice bijelog octa

1 žlica soja umaka

1 žličica ribljeg umaka

1 žličica sezamovog ulja

3 žlice repičinog ulja

upute

Pripremite vodenu kupelj i stavite Sous Vide u nju. Postavite na 149F. Začinite piletinu solju i paprom i stavite u vakuumsku vrećicu koja se može zatvoriti. Ispustite zrak istiskivanjem vode, zatvorite i uronite vrećicu u vodenu kupelj. Kuhajte 60 minuta. Krastavac, korijander i mrkvu nasjeckajte i umiješajte u salatu.

Zagrijte lonac na 350F i napunite uljem. Wontone narežite na komadiće i pržite dok ne postanu hrskavi. Stavite maslac od kikirikija, sok od limete, svježi đumbir, cilantro, vodu, bijeli ocat, riblji umak, sojin umak, sjemenke sezama i ulje kanole u procesor hrane. Miksajte dok ne postane glatko.

Kad tajmer istekne, izvadite piletinu i prebacite je u vruću tavu. Pržite 30 sekundi po strani. Pomiješajte wonton trake sa salatom. Narežite piletinu. Poslužite na vrhu salate. Prelijte ga preljevom.

Varivo od piletine i poriluka

Vrijeme pripreme + kuhanja: 70 minuta | Porcije: 4

Sastojci

6 pilećih prsa bez kože

Sol i crni papar po ukusu

3 žlice maslaca

1 veći poriluk, poprečno narezan

½ šalice panko

2 žlice nasjeckanog peršina

1 oz Copoundy Jack sira

1 žlica maslinovog ulja

upute

Pripremite vodenu kupelj i stavite Sous Vide u nju. Postavite na 146F.

Stavite pileća prsa u vakuumsku vrećicu koja se može zatvoriti. Posoliti i popapriti. Ispustite zrak istiskivanjem vode, zatvorite i potopite u vodenu kupelj. Kuhajte 45 minuta.

U međuvremenu zagrijte tavu s maslacem na jakoj vatri i skuhajte poriluk. Posoliti i popapriti. Dobro promiješajte. Smanjite vatru i ostavite da kuha 10 minuta.

Zagrijte tavu na srednjoj vatri s maslacem i dodajte panko. Kuhajte dok se ne prepeče. Prebacite u zdjelu i pomiješajte s cheddar sirom i nasjeckanim peršinom. Nakon što se tajmer zaustavi, izvadite grudi i osušite ih tapkanjem. Zagrijte tavu na jakoj vatri s maslinovim uljem i pržite obje strane 1 minutu. Poslužite na poriluku i ukrasite panko smjesom.

Pileći batak sa senfom

Vrijeme pripreme + kuhanja: 2 sata 30 minuta | Porcije: 4

Sastojci

4 cijele pileće nogice

Sol i crni papar po ukusu

2 žlice maslinovog ulja

2 ljutike, tanko narezane

3 češnja češnjaka, tanko narezana

½ šalice suhog bijelog vina

1 šalica pilećeg temeljca

¼ šalice punog zrna senfa

1 šalica pola-pola vrhnja

1 žličica kurkume

2 žlice svježeg estragona, mljevenog

1 žlica svježeg timijana, mljevenog

upute

Pripremite vodenu kupelj i stavite Sous Vide u nju. Postavite na 172F. Piletinu posolite i popaprite. Zagrijte maslinovo ulje u tavi na jakoj vatri i pržite pileće batake 5-7 minuta. Ostavite to sa strane, ignorirate.

U istu tavu dodajte ljutiku i češnjak. Kuhajte 5 minuta. Dodajte bijelo vino i kuhajte 2 minute dok ne postane pjenasto. Izvadite i ulijte pileći temeljac i senf.

Umak od senfa pomiješajte s piletinom i stavite u vakuum vrećicu. Ispustite zrak istiskivanjem vode, zatvorite i potopite u vodenu kupelj. Kuhajte 2 sata.

Kad se mjerač vremena zaustavi, uklonite vrećicu, ostavite piletinu sa strane i odvojite tekućine od kuhanja. U zagrijani lonac stavite tekućinu od kuhanja i polovicu vrhnja. Kuhajte dok ne postane mjehurić i napola ne ispari. Maknite s vatre i umiješajte estragon, kurkumu, majčinu dušicu i pileće batake. Dobro promiješajte. Začinite solju i paprom i poslužite.

Pileća salata sa sirom i slanutkom

Vrijeme pripreme + kuhanja: 1 sat 30 minuta | Porcije: 2

Sastojci

6 fileta pilećih prsa bez kostiju i kože

4 žlice maslinovog ulja

2 žlice ljutog umaka

1 žličica mljevenog kima

1 žličica svijetlo smeđeg šećera

1 žličica mljevenog cimeta

Sol i crni papar po ukusu

1 limenka ocijeđenog slanutka

½ šalice izmrvljenog feta sira

½ šalice izmrvljenog queso fresco sira

½ šalice nasjeckanog bosiljka

½ šalice svježe natrgane mente

4 žličice pinjola, prženih

2 žličice meda

2 žličice svježe iscijeđenog soka od limuna

upute

Pripremite vodenu kupelj i stavite Sous Vide u nju. Postavite na
138F. Stavite pileća prsa, 2 žlice maslinovog ulja, ljuti umak,

smeđi šećer, kumin i cimet u vrećicu koja se može zatvoriti. Posoliti i popapriti. Ispustite zrak istiskivanjem vode, zatvorite i uronite vrećicu u vodenu kupelj. Kuhajte 75 minuta.

Za to vrijeme u zdjeli pomiješajte slanutak, bosiljak, queso fresco, mentu i pinjole. Prelijte medom, limunovim sokom i 2 žlice maslinova ulja. Posoliti i popapriti. Nakon što se tajmer zaustavi, izvadite piletinu i narežite je na komade. Izlijte tekućinu od kuhanja. Pomiješajte salatu i piletinu, dobro promiješajte i poslužite.

Složena piletina sa sirom

Vrijeme pripreme + kuhanja: 60 minuta | Porcije: 2

Sastojci

2 pileća prsa bez kože i kostiju

Sol i crni papar po ukusu

2 žličice maslaca

4 šalice salate

1 velika rajčica, narezana na ploške

1 oz cheddar sira, narezanog

2 žlice crvenog luka, narezanog na kockice

Listovi svježeg bosiljka

1 žlica maslinovog ulja

2 kriške limuna za posluživanje

upute

Pripremite vodenu kupelj i stavite Sous Vide u nju. Postavite na 146F.

Stavite piletinu u vakuumsku vrećicu koja se može zatvoriti. Posoliti i popapriti. Ispustite zrak istiskivanjem vode, zatvorite i uronite vrećicu u vodenu kupelj. Kuhajte 45 minuta.

Nakon što se tajmer zaustavi, izvadite piletinu i izlijte sok od kuhanja. Zagrijte tavu s maslacem na jakoj vatri. Pržite piletinu dok ne porumeni. Premjestite na tanjur za posluživanje. Stavite zelenu salatu između piletine i pospite rajčicama, crvenim lukom, cheddar sirom i bosiljkom. Pospite maslinovim uljem, posolite i popaprite. Poslužite s kriškama limuna.

Piletina na kineski način

Vrijeme pripreme + kuhanja: 1 sat 35 minuta | Porcije: 6

Sastojci

1½ funte pilećih prsa, bez kostiju i kože

¼ šalice luka, sitno nasjeckanog

2 žlice Worcestershire umaka

1 žlica meda

1 žličica sezamovog ulja

1 režanj češnjaka nasjeckan

¾ žličice kineskog praha od pet začina

upute

Pripremite vodenu kupelj i stavite Sous Vide u nju. Postavite na 146F.

Stavite piletinu, luk, med, Worcestershire umak, sezamovo ulje, češnjak i pet začina u vakuumsku vrećicu koja se može zatvoriti. Ispustite zrak istiskivanjem vode, zatvorite i uronite vrećicu u vodenu kupelj. Kuhajte 75 minuta. Zagrijte tavu na srednje jakoj vatri. Nakon što se tajmer zaustavi, izvadite vrećicu i stavite je u posudu. Pecite dok ne porumene 5 minuta. Piletinu narežite na medaljone.

Pileće okruglice s origanom

Vrijeme pripreme + kuhanja: 2 sata 20 minuta | Porcije: 4

Sastojci

1 kg mljevene piletine

1 žlica maslinovog ulja

2 češnja češnjaka nasjeckana

1 žličica svježeg origana, mljevenog

Posoliti po ukusu

1 žlica kumina

½ žličice naribane kore limuna

½ žličice crnog papra

¼ šalice panko krušnih mrvica

kriške limuna

upute

Pripremite vodenu kupelj i stavite Sous Vide u nju. Postavite na 146F. U zdjeli pomiješajte mljevenu piletinu, češnjak, maslinovo ulje, origano, koricu limuna, kumin, sol i papar. Rukom napravite najmanje 14 mesnih okruglica. Stavite mesne okruglice u vrećicu koja se može vakuumski zatvoriti. Ispustite zrak istiskivanjem vode, zatvorite i uronite vrećicu u vodenu kupelj. Kuhajte 2 sata.

Nakon što se tajmer zaustavi, izvadite vrećicu i premjestite mesne okruglice u lim za pečenje obložen folijom. Zagrijte tavu na srednje jakoj vatri i pecite polpete 7 minuta. Na vrh stavite kriške limuna.

Cornish kokoš punjena rižom i bobicama

Vrijeme pripreme + kuhanja: 4 sata 40 minuta | Porcije: 2

Sastojci

2 cijela kornvalska srndaća

4 žlice maslaca plus 1 žlica dodatno

2 šalice shitake gljiva, tanko narezanih

1 šalica poriluka, sitno nasjeckanog

¼ šalice pekan oraha, nasjeckanih

1 žlica svježeg timijana, mljevenog

1 šalica kuhane divlje riže

¼ šalice sušenih brusnica

1 žlica meda

upute

Pripremite vodenu kupelj i stavite Sous Vide u nju. Postavite na 149F.

Zagrijte 4 žlice maslaca u tavi na srednje jakoj vatri, kada se otopi, dodajte gljive, majčinu dušicu, poriluk i pecans. Kuhajte 5-10 minuta. Dodajte rižu i borovnice. Maknite s vatre. Ostavite da se ohladi 10 minuta. Smjesom napunite pileću šupljinu. Skupite noge.

Stavite piliće u vakuumsku vrećicu koja se može zatvoriti. Ispustite zrak metodom pritiska vode, zatvorite i uronite vrećicu u kadu. Kuhajte 4 sata. Zagrijte tavu na jakoj vatri. U posudi pomiješajte med i 1 žlicu otopljenog maslaca. Preliti preko piletine. Pržite piletinu 2 minute i poslužite.

Šah pileće rolice

Vrijeme pripreme + kuhanja: 1 sat 45 minuta | Porcije: 2

Sastojci

1 pileća prsa

¼ šalice krem sira

¼ šalice julienned pečene crvene paprike

½ šalice slobodno pakirane rikule

6 kriški pršuta

Sol i crni papar po ukusu

1 žlica ulja

upute

Pripremite vodenu kupelj i stavite Sous Vide u nju. Postavite na 155F. Ocijedite piletinu i istucite je dok ne postane fino samljevena. Zatim ga prepolovite i začinite solju i paprom. Po vrhu rasporedite 2 žlice krem sira i dodajte pečenu crvenu papriku i rikulu.

Prsa zarolati kao sushi i nadjenuti 3 sloja pršuta i zarolati prsa. Stavite u vrećicu koja se može vakuumski zatvoriti. Ispustite zrak istiskivanjem vode, zatvorite i potopite u vodenu kupelj. Kuhajte

90 minuta. Nakon što se tajmer zaustavi, izvadite piletinu iz vrećice i skuhajte. Sitno narežite i poslužite.

Salata od mente s piletinom i graškom

Vrijeme pripreme + kuhanja: 1 sat 30 minuta | Porcije: 2

Sastojci

6 fileta pilećih prsa bez kostiju

4 žlice maslinovog ulja

Sol i crni papar po ukusu

2 šalice blanširanog graška

1 šalica metvice, svježe natrgane

½ šalice izmrvljenog queso fresco sira

1 žlica svježe iscijeđenog soka od limuna

2 žličice meda

2 žličice crvenog vinskog octa

upute

Pripremite vodenu kupelj i stavite Sous Vide u nju. Postavite na 138F.

Stavite piletinu u vrećicu koja se može zatvoriti s maslinovim uljem. Posoliti i popapriti. Ispustite zrak istiskivanjem vode, zatvorite i uronite vrećicu u vodenu kupelj. Kuhajte 75 minuta.

Pomiješajte grašak, queso fresco i metvicu u zdjeli. Pomiješajte limunov sok, vinski ocat, med i 2 žlice maslinovog ulja. Posoliti i popapriti.

Kad su gotova, izvadite pileća prsa i narežite ih. Bacite tekućinu od kuhanja. Služi.

Piletina sa začinskim biljem i umakom od vrhnja od gljiva

Vrijeme pripreme + kuhanja: 4 sata 15 minuta | Porcije: 2

Sastojci

<u>Za piletinu</u>

2 pileća prsa bez kože i kostiju

Posoliti po ukusu

1 žlica kopra

1 žlica kurkume

1 žličica biljnog ulja

<u>Za umak</u>

3 sitno nasjeckane ljutike

2 češnja sitno nasjeckanog češnjaka

1 žličica maslinovog ulja

2 žlice maslaca

1 šalica narezanih gljiva

2 žlice porto vina

½ šalice pilećeg temeljca

1 šalica kozjeg sira

¼ žličice mljevenog crnog papra

upute

Pripremite vodenu kupelj i stavite Sous Vide u nju. Postavite na 138F. Stavite solju i paprom začinjenu piletinu u vakuumsku vrećicu koja se može zatvoriti. Ispustite zrak istiskivanjem vode, zatvorite i uronite vrećicu u vodenu kupelj. Kuhajte 4 sata.

Nakon što se tajmer zaustavi, izvadite vrećicu i prebacite je u ledenu kupelj. Ostavite da se ohladi i osuši. Ostavite to sa strane, ignorirate. Zagrijte ulje u tavi na jakoj vatri, dodajte ljutiku i kuhajte 2-3 minute. Dodajte maslac, kopar, kurkumu i češnjak i kuhajte još 1 minutu. Dodajte gljive, vino i temeljac. Kuhajte 2 minute pa prelijte vrhnjem. Nastavite kuhati dok se umak ne zgusne. Posoliti i popapriti. Zagrijte roštilj do dimljenja. Premažite piletinu uljem i pržite svaku stranu 1 minutu. Prelijte umakom.

Hrskavo pržena piletina

Vrijeme pripreme + kuhanja: 2 sata | Porcije: 4

Sastojci

8 pilećih bataka

Sol i crni papar po ukusu

<u>Za mokru smjesu</u>

2 šalice sojinog mlijeka

1 žlica soka od limuna

<u>Za suhu mješavinu</u>

1 šalica brašna

1 šalica rižinog brašna

½ šalice kukuruznog škroba

2 žlice paprike

1 žlica đumbira

Sol i crni papar po ukusu

upute

Pripremite vodenu kupelj i stavite Sous Vide u nju. Postavite na 154F. Stavite piletinu začinjenu paprom i solju u vakuumsku vrećicu koja se može zatvoriti. Ispustite zrak istiskivanjem vode, zatvorite i potopite u vodenu kupelj. Kuhajte 1 sat.

Nakon što se tajmer zaustavi, uklonite vrećicu. Ostavite da se ohladi 15 minuta. Zagrijte tavu s uljem na 400-425F. U zdjeli pomiješajte sojino mlijeko i limunov sok da dobijete mokru smjesu. U drugoj zdjeli pomiješajte proteinsko brašno, rižino brašno, kukuruzni škrob, đumbir, papriku, sol i mljevenu papriku da dobijete suhu smjesu.

Umočite piletinu u suhu, a zatim u mokru smjesu. Ponovite još 2-3 puta. Stavili smo u pećnicu. Ponavljajte postupak dok piletina nije gotova. Pržite piletinu 3-4 minute. Ostavite sa strane i ostavite da se ohladi 10-15 minuta. Premažite vrh kriškama limuna i umakom.

Zelena pileća salata s bademima

Vrijeme pripreme + kuhanja: 95 minuta | Porcije: 2

Sastojci

2 pileća prsa, bez kože

Sol i crni papar po ukusu

1 šalica badema

1 žlica maslinovog ulja

2 žlice šećera

4 crvena čilija, tanko narezana

1 režanj češnjaka, oguljen

3 žlice ribljeg umaka

2 žličice svježe iscijeđenog soka limete

1 šalica nasjeckanog cilantra

1 mladi luk, narezan na tanke ploške

1 stručak limunske trave, samo bijeli dio, narezan na ploške

1 2-inčni đumbir, juliened

upute

Pripremite vodenu kupelj i stavite Sous Vide u nju. Postavite na 138F. Stavite solju i paprom začinjenu piletinu u vakuumsku vrećicu koja se može zatvoriti. Ispustite zrak istiskivanjem vode, zatvorite i uronite vrećicu u vodenu kupelj. Kuhajte 75 minuta.

Nakon 60 minuta zagrijte maslinovo ulje u loncu na 350F. Tostirajte bademe 1 minutu dok se ne osuše. Pomiješajte šećer, češnjak i čili. Ulijte riblji umak i sok od limete.

Kad je gotovo, izvadite vrećicu i ostavite da se ohladi. Pileća prsa narežite na komade i stavite u zdjelu. Ulijte preljev i dobro promiješajte. Dodajte korijander, đumbir, limunsku travu i pržene bademe. Ukrasite čilijem i poslužite.

Piletina s mlijekom i kokosom

Vrijeme pripreme + kuhanja: 75 minuta | Porcije: 2

Sastojci

2 pileća prsa

4 žlice kokosovog mlijeka

Sol i crni papar po ukusu

<u>Za umak</u>

4 žlice satay umaka

2 žlice kokosovog mlijeka

Malo tamari umaka

upute

Pripremite vodenu kupelj i stavite Sous Vide u nju. Postavite na 138F.

Stavite piletinu u vrećicu koja se može zatvoriti i začinite solju i paprom. Dodajte 4 žlice mlijeka. Ispustite zrak istiskivanjem vode, zatvorite i uronite vrećicu u vodenu kupelj. Kuhajte 60 minuta.

Nakon što se tajmer zaustavi, uklonite vrećicu. Pomiješajte sastojke za umak i stavite u mikrovalnu na 30 sekundi. Narežite piletinu. Poslužite na tanjur i prelijte umakom.

Rimsko jelo od slanine i piletine

Vrijeme pripreme + kuhanja: 1 sat 40 minuta | Porcije: 4

Sastojci

4 mala pileća prsa, bez kosti i kože

8 listova kadulje

4 kriške tanko narezane slanine

Crni papar po ukusu

1 žlica maslinovog ulja

2 oz ribanog sira fontina

upute

Pripremite vodenu kupelj i stavite Sous Vide u nju. Postavite na 146F. Piletinu posolite i popaprite. Na to stavite 2 lista kadulje i 1 šnitu slanine. Stavite ih u vrećicu koja se može vakuumski zatvoriti. Ispustite zrak istiskivanjem vode, zatvorite i uronite vrećicu u vodenu kupelj. Kuhajte 90 minuta.

Nakon što se tajmer zaustavi, uklonite vrećicu i osušite je. Zagrijte ulje u tavi na jakoj vatri i pržite piletinu 1 minutu. Okrenite piletinu i pospite 1 žlicom sira fontina. Poklopite posudu i pustite da se sir otopi. Piletinu servirajte na tanjur i ukrasite listićima kadulje.

Cherry rajčica, avokado i salata od piletine

Vrijeme pripreme + kuhanja: 1 sat 30 minuta | Porcije: 2

Sastojci

1 pileća prsa

1 avokado, narezan

10 prepolovljenih cherry rajčica

2 šalice nasjeckane zelene salate

2 žlice maslinovog ulja

1 žlica soka od limete

1 češanj češnjaka, zgnječen

Sol i crni papar po ukusu

2 žličice javorovog sirupa

upute

Pripremite vodenu kupelj i stavite Sous Vide u nju. Postavite na 138F. Stavite piletinu u vakuumsku vrećicu koja se može zatvoriti. Posoliti i popapriti. Ispustite zrak istiskivanjem vode, zatvorite i uronite vrećicu u vodenu kupelj. Kuhajte 75 minuta.

Nakon što se tajmer zaustavi, izvadite piletinu. Zagrijte ulje u tavi na srednje jakoj vatri. Prsa pržite 30 sekundi i narežite. Pomiješajte češnjak, sok limete, javorov sirup i maslinovo ulje u zdjeli. Dodajte zelenu salatu, cherry rajčice i avokado. Dobro promiješajte. Stavite salatu na tanjur i na vrh stavite piletinu.

Chili piletina

Vrijeme pripreme + kuhanja: 2 sata 15 minuta | Porcije: 2

Sastojci

4 pileće nogice

2 žlice maslinovog ulja

Sol i crni papar po ukusu

1 češanj češnjaka, zgnječen

3 žlice ribljeg umaka

¼ šalice soka od limete

1 žlica šećera

3 žlice nasjeckanog bosiljka

3 žlice nasjeckanog korijandera

2 crvena čilija (bez sjemenki), nasjeckana

1 žlica slatkog čili umaka

1 žlica zelenog čili umaka

upute

Pripremite vodenu kupelj i stavite Sous Vide u nju. Postavite na 149F. Zamotajte piletinu u foliju i ostavite da se ohladi. Stavite u vakuumsku vrećicu s maslinovim uljem, solju i paprom. Ispustite zrak istiskivanjem vode, zatvorite i uronite vrećicu u vodenu kupelj. Kuhajte 2 sata.

Nakon što se tajmer zaustavi, izvadite piletinu i narežite je na 4-5 komada. Zagrijte biljno ulje u tavi na srednje jakoj vatri i pržite dok ne postane hrskavo. Sve sastojke za preljev pomiješajte u posudi i ostavite sa strane. Poslužite piletinu, posolite je i prelijte preljevom.

Pileća krilca s okusom meda

Vrijeme pripreme + kuhanja: 135 minuta | Porcije: 2

Sastojci

¾ žličice soja umaka

¾ žličice rižinog vina

¾ žličice meda

¼ žličice pet začina

6 pilećih krilaca

½ inča svježeg đumbira

½ inča mljevenog buzdovana

1 režanj češnjaka nasjeckan

Narezani mladi luk za posluživanje

upute

Pripremite vodenu kupelj i stavite Sous Vide u nju. Postavite na 160F.

U posudi pomiješajte soja umak, rižino vino, med i pet začina. Stavite pileća krilca i češnjak u vakuumsku vrećicu koja se može zatvoriti. Ispustite zrak istiskivanjem vode, zatvorite i uronite vrećicu u vodenu kupelj. Kuhajte 2 sata.

Nakon što se tajmer zaustavi, izvadite krilca i prebacite ih u lim za pečenje. Pecite u pećnici 5 minuta na 380 F. Poslužite na tanjur i ukrasite narezanim mladim lukom.

Zelena piletina s curry rezancima

Vrijeme pripreme + kuhanja: 3 sata | Porcije: 2

Sastojci

1 pileća prsa, bez kosti i kože

Sol i crni papar po ukusu

1 limenka (13,5 oz) kokosovog mlijeka

2 žlice zelene curry paste

1¾ šalice pilećeg temeljca

1 šalica shiitake gljiva

5 listova kaffir limete, prerezanih na pola

2 žlice ribljeg umaka

1½ žlice šećera

½ šalice listova tajlandskog bosiljka, grubo nasjeckanih

Gnijezdo od tjestenine od 2 oz kuhanih jaja

1 šalica cilantra, grubo nasjeckanog

1 šalica klica graha

2 žlice prženog tijesta

2 crvena čilija, grubo nasjeckana

upute

Pripremite vodenu kupelj i stavite Sous Vide u nju. Postavite na 138F. Piletinu posolite i popaprite. Stavite u vrećicu koja se može vakuumski zatvoriti. Ispustite zrak istiskivanjem vode, zatvorite i uronite vrećicu u vodenu kupelj. Kuhajte 90 minuta.

Nakon 35 minuta zagrijte lonac na srednje jakoj vatri i umiješajte zelenu curry pastu i polovicu kokosovog mlijeka. Kuhajte 5-10 minuta dok se kokosovo mlijeko ne počne zgušnjavati. Dodajte pileću juhu i ostatak kokosovog mlijeka. Kuhajte 15 minuta.

Smanjite vatru i dodajte listove kaffir limete, shiitake gljive, šećer i riblji umak. Kuhajte najmanje 10 minuta. Maknite s vatre i dodajte bosiljak.

Nakon što se tajmer zaustavi, izvadite vrećicu i ostavite da se ohladi 5 minuta, a zatim je narežite na male komadiće. Poslužite u zdjeli za juhu s curry umakom, kuhanom tjesteninom i piletinom. Na vrh stavljamo klice graha, korijander, čili i prženu tjesteninu.

Pesto pileći zalogaji s avokadom

Vrijeme pripreme + kuhanja: 1 sat 40 minuta | Porcije: 2

Sastojci

1 pileća prsa, bez kostiju, kože, s leptirom

Sol i crni papar po ukusu

1 žlica kadulje

3 žlice maslinovog ulja

1 žlica pesta

1 tikvica, narezana na ploške

1 avokado

1 šalica svježih listova bosiljka

upute

Pripremite vodenu kupelj i stavite Sous Vide u nju. Postavite na 138F.

Pileća prsa tanko istucite. Začinite kaduljom, paprom i solju. Stavite u vrećicu koja se može vakuumski zatvoriti. Dodajte 1 žlicu ulja i pesto. Ispustite zrak istiskivanjem vode, zatvorite i uronite vrećicu u vodenu kupelj. Kuhajte 75 minuta. Nakon 60 minuta zagrijte 1 žlicu maslinovog ulja u tavi na jakoj vatri, dodajte tikvice i ¼ šalice vode. Kuhajte dok voda ne ispari. Nakon što se tajmer zaustavi, izvadite piletinu.

Zagrijte preostalo maslinovo ulje u tavi na srednje jakoj vatri i pecite pileća prsa 2 minute s obje strane. Stavite sa strane i ostavite da se ohladi. Piletinu sitno narezati, kao i tikvicu. Narežite i avokado. Poslužite piletinu s kriškama avokada na vrhu. Ukrasite ploškama tikvica i bosiljkom.

Pileće okruglice sa sirom

Vrijeme pripreme + kuhanja: 1 sat 15 minuta | Porcije: 6

Sastojci

1 kg mljevene piletine

2 žlice luka, sitno nasjeckanog

¼ žličice češnjaka u prahu

Sol i crni papar po ukusu

2 žlice krušnih mrvica

1 jaje

32 male kockice mozzarella sira

1 žlica maslaca

3 žlice panko

½ šalice umaka od rajčice

½ oz ribanog sira Pecorino Romano

Sjeckani peršin

upute

Pripremite vodenu kupelj i stavite Sous Vide u nju. Postavite na 146F. U zdjeli pomiješajte piletinu, luk, sol, češnjak u prahu, papar i začinjene krušne mrvice. Dodajte jaje i dobro promiješajte. Oblikovati 32 kuglice srednje veličine i puniti kockicom sira tako da smjesa dobro prekrije sir.

Kuglice stavite u vakuumsku vrećicu i ostavite u hladnjaku 20 minuta. Zatim ispustite zrak metodom istiskivanja vode, zatvorite i uronite vrećicu u vodenu kupelj. Kuhajte 45 minuta.

Uklonite kuglice nakon što se tajmer zaustavi. U tavi otopite maslac i dodajte panko. Kuhajte dok se ne prepeče. Skuhajmo i paradajz sos. Kuglice stavite u zdjelu i prelijte umakom od rajčice. Na vrh stavimo panc i sir. Ukrasite peršinom.

Pureći hamburger sa sirom

Vrijeme pripreme + kuhanja: 1 sat 45 minuta | Porcije: 6

Sastojci

6 žličica maslinovog ulja

1½ funte mljevene puretine

16 krekera, zdrobljenih

2½ žlice nasjeckanog svježeg peršina

2 žlice nasjeckanog svježeg bosiljka

½ žlice Worcestershire umaka

½ žlice soja umaka

½ žličice češnjaka u prahu

1 jaje

6 peciva, prepečenih

6 kriški rajčice

6 listova romaine salate

6 kriški Monterey Jack sira

upute

Pripremite vodenu kupelj i stavite Sous Vide u nju. Postavite na 148F. Pomiješajte puretinu, krekere, peršin, bosiljak, soja umak i češnjak u prahu. Dodati jaje i ručno izmiješati.

Od smjese oblikujte 6 pljeskavica u lim za pečenje popaprite voskom i posložite ih. Pokrijte i stavite u hladnjak

Izvadite hamburgere iz hladnjaka i stavite ih u tri vrećice koje se mogu zatvoriti. Ispustite zrak istiskivanjem vode, zatvorite i uronite vrećice u vodenu kupelj. Kuhajte 1 sat i 15 minuta.

Nakon što se tajmer zaustavi, izvadite pljeskavice. Izlijte tekućinu od kuhanja.

Zagrijte maslinovo ulje u tavi na jakoj vatri i dodajte hamburgere. Pržite 45 sekundi po strani. Na pečene kiflice stavljati ćufte. Na vrh stavite rajčice, zelenu salatu i sir. Služi.

Puretina punjena slaninom i orasima umotana u šunku

Vrijeme pripreme + kuhanja: 3 sata 45 minuta | Porcije: 6

Sastojci

1 češnjak, sitno nasjeckan

3 žlice maslaca

1 šalica slanine narezane na kockice

4 žlice pinjola

2 žlice sitno nasjeckanog timijana

4 češnja češnjaka nasjeckana

Korica od 2 limuna

4 žlice nasjeckanog peršina

¾ šalice krušnih mrvica

1 jaje, tučeno

4 lb purećih prsa bez kostiju, s leptirima

Sol i crni papar po ukusu

16 kriški šunke

upute

Pripremite vodenu kupelj i stavite Sous Vide u nju. Postavite na 146F.

U tavi na srednjoj vatri zagrijte 2 žlice maslaca i pirjajte luk 10 minuta dok ne omekša. Ostavite to sa strane, ignorirate. U istu tavu dodajte slaninu i kuhajte 5 minuta dok ne porumeni. Umiješajte pinjole, majčinu dušicu, češnjak i limunovu koricu te kuhajte još 2 minute. Dodajte peršin i promiješajte. Vratiti luk u tavu, umiješati prezle i jaje.

Izvadite puretinu i prekrijte plastičnom folijom. Snažno istucite batom za meso. Stavite šunku u aluminijsku foliju. Stavite puretinu na vrh šunke i razrežite sredinu da napravite trakicu. Motajte puricu čvrsto s jedne strane na drugu dok se potpuno ne zamota. Pokrijte plastičnom folijom i stavite u vakuumsku vrećicu. Ispustite zrak istiskivanjem vode, zatvorite i uronite vrećicu u vodenu kupelj. Kuhajte 3 sata.

Nakon što se tajmer zaustavi, izvadite puricu i bacite plastiku. Zagrijte preostali maslac u tavi na srednje jakoj vatri i dodajte prsa. Pržite šunku 45 sekundi sa svake strane. Zarolajte puricu i pecite još 2-3 minute. Prsa narežite na medaljone i poslužite.

Cezar salata tortilja rolada sa puretinom

Vrijeme pripreme + kuhanja: 1 sat 40 minuta | Porcije: 4

Sastojci

2 češnja češnjaka nasjeckana

2 pureća prsa bez kože i kostiju

Sol i crni papar po ukusu

1 šalica majoneze

2 žlice svježe iscijeđenog soka od limuna

1 žličica paste od inćuna

1 žličica Dijon senfa

1 žličica soja umaka

4 šalice zelene salate iceberg

4 tortilje

upute

Pripremite vodenu kupelj i stavite Sous Vide u nju. Postavite na 152F. Začinite pureća prsa solju i paprom i stavite ih u vakuumsku vrećicu. Ispustite zrak istiskivanjem vode, zatvorite i uronite vrećicu u vodenu kupelj. Kuhajte 1 sat i 30 minuta.

Pomiješajte majonezu, češnjak, limunov sok, pastu od inćuna, senf, sojin umak te preostalu sol i papar. Neka odstoji u hladnjaku. Nakon što se tajmer zaustavi, izvadite puricu i osušite je. Narežite puretinu. Zelenu salatu pomiješajte s hladnim preljevom. Ulijte četvrtinu smjese za puretinu u svaku tortilju i savijte je. Prepolovite i poslužite s preljevom.

Pureća rolada od kadulje

Vrijeme pripreme + kuhanja: 5 sati 15 minuta | Porcije: 6

Sastojci:

3 žlice maslinovog ulja

2 manja žuta luka narezana na kockice

2 stabljike celera, narezane na kockice

3 žlice mljevene kadulje

Korica i sok od 2 limuna

3 šalice smjese za nadjev od puretine

2 šalice purećeg ili pilećeg temeljca

5 kg purećih prsa prerezanih na pola

upute:

Stavite tavu na srednje jaku vatru, dodajte maslinovo ulje, luk i celer. Pirjati 2 minute. Dodajte limunov sok, koricu i kadulju dok se limunov sok ne reducira.

Smjesu za nadjev izlijte u zdjelu i dodajte kuhanu smjesu od kadulje. Izmiješajte rukama. Dodajte temeljac i ručno miješajte dok se sastojci dobro ne povežu i postanu tekući. Pažljivo skinite kožu s purice i stavite je na plastičnu foliju. Uklonite kosti i bacite.

Uklonite kožu s purećih prsa i stavite drugi sloj plastične folije preko purećih prsa. Pomoću valjka izravnajte na 1 inč debljine. Uklonite plastičnu foliju s vrha i rasporedite nadjev preko spljoštene purice, ostavljajući ½ inča oko rubova.

Počevši od uže strane, zarolajte puricu kao valjak tijesta i stavite višak kože na vrh puretine. Učvrstite roladu mesarskim koncem. Zamotajte pureću roladu u plastičnu foliju i zavrnite krajeve kako biste učvrstili roladu, koja bi trebala oblikovati čvrsti cilindar.

Stavite smotuljak u vrećicu koja se može vakuumski zatvoriti, ispustite zrak i zatvorite vrećicu. Stavite u hladnjak na 40 minuta. Pripremite vodenu kupelj, postavite Sous Vide na 155F. Stavite pureću roladu u vodenu kupelj i postavite tajmer na 4 sata.

Nakon što se tajmer zaustavi, izvadite vrećicu i otvorite je. Zagrijte pećnicu na 400 F, uklonite plastičnu foliju s puretine i stavite na lim za pečenje, kožom prema gore. Pecite 15 minuta. Izrezati na kolutove. Poslužuje se s kremastim umakom i povrćem kuhanim na pari s niskim udjelom ugljikohidrata.

Pureća prsa timijana

Vrijeme pripreme + kuhanja: 3 sata 15 minuta | Porcije: 6

Sastojci

1 polovica purećih prsa, bez kosti i kože

1 žlica maslinovog ulja

1 žlica soli češnjaka

1 žlica majčine dušice

1 žličica crnog papra

upute

Pripremite vodenu kupelj i stavite Sous Vide u nju. Postavite na 146F.

Pomiješajte pureća prsa, češnjak, majčinu dušicu, sol i papar. Stavite u vrećicu koja se može vakuumski zatvoriti. Ispustite zrak istiskivanjem vode, zatvorite i uronite vrećicu u vodenu kupelj. Kuhajte 4 sata.

Nakon što se tajmer zaustavi, izvadite vrećicu i osušite je na limu za pečenje. Zagrijte željeznu tavu na jakoj vatri i pržite dok ne porumene 5 minuta.

Burgeri s purećim mesnim okruglicama i pestom

Vrijeme pripreme + kuhanja: 80 minuta | Porcije: 4

Sastojci

1 kg mljevene puretine

3 mlada luka nasjeckana

1 veliko jaje, istučeno

1 žlica krušnih mrvica

1 žličica sušenog origana

1 žlica majčine dušice

Sol i crni papar po ukusu

½ šalice pesta (plus 2 žličice dodatno)

2 dkg mozzarella sira, narezanog na komadiće

4 velika peciva za hamburger

upute

Pripremite vodenu kupelj i stavite Sous Vide u nju. Postavite na 146F. U zdjeli pomiješajte puretinu, jaje, krušne mrvice, mladi luk, majčinu dušicu i origano. Posoliti i popapriti. Dobro promiješajte. Napravite najmanje 8 kuglica i palcem napravite rupu u sredini. Prelijte svaki s 1/4 žlice pesta i 1/4 oz mozzarelle sira. Pazite da meso prekrije nadjev.

Stavite u vrećicu koja se može vakuumski zatvoriti. Ispustite zrak istiskivanjem vode, zatvorite i uronite vrećicu u vodenu kupelj. Kuhajte 60 minuta. Nakon što tajmer stane, izvadite kuglice i osušite ih papirom za pečenje. Zagrijte tavu na srednje jakoj vatri i skuhajte 1/2 šalice pesta. Dodajte mesne okruglice i dobro promiješajte. Stavite 2 mesne okruglice u svaku lepinju za hamburger.

Pureća prsa s orasima

Vrijeme pripreme + kuhanja: 2 sata 15 minuta | Porcije: 6

Sastojci:

2 kg purećih prsa, tanko narezanih

1 žlica limunove kore

1 šalica nasjeckanih oraha oraha

1 žlica majčine dušice, sitno nasjeckane

2 češnja protisnutog češnjaka

2 žlice svježeg peršina, sitno nasjeckanog

3 šalice pileće juhe

3 žlice maslinovog ulja

upute:

Meso isperite pod hladnom tekućom vodom i ocijedite u cjedilu. Natrljajte limunovom koricom i prebacite u veliku vrećicu koja se može zatvoriti s pilećim temeljcem. Kuhajte Sous Vide 2 sata na 149F. Izvadite iz vodene kupelji i ostavite sa strane.

Zagrijte maslinovo ulje u srednjoj tavi, zatim dodajte češnjak, pecans orahe i majčinu dušicu. Dobro promiješajte i kuhajte 4-5 minuta. Na kraju u tavu dodajte pileća prsa i kratko popržite obje strane. Poslužite odmah.

Začinjeno jelo od puretine

Vrijeme pripreme + kuhanja: 14 sati 15 minuta | Porcije: 4

Sastojci

1 pureći batak

1 žlica maslinovog ulja

1 žlica soli češnjaka

1 žličica crnog papra

3 grančice majčine dušice

1 žlica ružmarina

upute

Pripremite vodenu kupelj i stavite Sous Vide u nju. Postavite na 146F. Puretinu začinite češnjakom, solju i paprom. Stavite u vrećicu koja se može vakuumski zatvoriti.

Ispustite zrak metodom pritiska vode, zatvorite i uronite vrećicu u kadu. Kuhajte 14 sati. Kada je gotovo, uklonite ruke i osušite.

Puretina u umaku od naranče

Vrijeme pripreme + kuhanja: 75 minuta | Porcije: 2

Sastojci:

1 kg purećih prsa bez kože i kostiju

1 žlica maslaca

3 žlice svježeg soka od naranče

½ šalice pilećeg temeljca

1 žličica kajenskog papra

Sol i crni papar po ukusu

upute:

Pureća prsa isperite hladnom tekućom vodom i osušite. Ostavite to sa strane, ignorirate.

U srednjoj posudi pomiješajte sok od naranče, pileći temeljac, kajenski papar, sol i papar. Dobro promiješajte i stavite meso u ovu marinadu. Stavite u hladnjak na 20 minuta.

Sada stavite meso s marinadom u veliku vakuumsku vrećicu koja se može zatvoriti i kuhajte Sous Vide 40 minuta na 122°C.

Otopite maslac u tavi s neprijanjajućim premazom srednje jakosti na jakoj vatri. Izvadite meso iz vrećice i stavite ga u lonac. Pržite 2 minute i maknite s vatre.

Pureći but s majčinom dušicom i ružmarinom

Vrijeme pripreme + kuhanja: 8 sati 30 minuta | Porcije: 4

Sastojci

5 žličica maslaca, otopljenog

10 režnjeva češnjaka nasjeckanih

2 žlice suhog ružmarina

1 žlica kumina

1 žlica majčine dušice

2 pureća buta

upute

Pripremite vodenu kupelj i stavite Sous Vide u nju. Postavite na 134F.

Pomiješajte češnjak, ružmarin, kumin, majčinu dušicu i maslac. Smjesu utrljajte preko puretine.

Stavite puricu u vrećicu koja se može zatvoriti. Ispustite zrak istiskivanjem vode, zatvorite i uronite vrećicu u vodenu kupelj. Kuhajte 8 sati

Nakon što se tajmer zaustavi, izvadite puretinu. Sačuvajte sok za kuhanje. Zagrijte roštilj na jaku temperaturu i na njega stavite puricu. Pospite sokom od kuhanja. Preokrenite i još malo poškropite sokom. Stavite sa strane i ostavite da se ohladi. Služi.

Pureća prsa s klinčićima

Vrijeme pripreme + kuhanja: 1 sat 45 minuta | Porcije: 6

Sastojci:

2 kg narezanih purećih prsa

2 češnja češnjaka nasjeckana

1 šalica maslinovog ulja

2 žlice Dijon senfa

2 žlice soka od limuna

1 žličica svježeg ružmarina, nasjeckanog

1 žličica klinčića, mljevenog

Sol i crni papar po ukusu

upute:

U velikoj zdjeli pomiješajte maslinovo ulje sa senfom, limunovim sokom, češnjakom, ružmarinom, klinčićima, soli i paprom. Dobro izmiješajte, pa dodajte ploške puretine. Namočite i ohladite 30 minuta prije kuhanja.

Izvadite iz hladnjaka i prebacite u 2 vakumirane vrećice. Zatvorite vrećice i kuhajte Sous Vide jedan sat na 149F. Izvadite iz vodene kupelji i poslužite.

Pureća prsa s koprom i ružmarinom

Vrijeme pripreme + kuhanja: 1 sat 50 minuta | Porcije: 2

Sastojci

1 kg purećih prsa bez kostiju

Sol i crni papar po ukusu

3 grančice svježeg kopra

1 grančica svježeg ružmarina, nasjeckanog

1 list lovora

upute

Pripremite vodenu kupelj i stavite Sous Vide u nju. Postavite na 146F.

Zagrijte tavu na srednjoj vatri, dodajte puretinu i kuhajte 5 minuta. Sačuvajte mast. Puretinu posolite i popaprite. Stavite puretinu, kopar, ružmarin, lovorov list i sačuvanu mast u vrećicu koja se može vakuumski zatvoriti. Ispustite zrak istiskivanjem vode, zatvorite i uronite vrećicu u vodenu kupelj. Kuhajte 1 sat i 30 minuta.

Zagrijte tavu na jakoj vatri. Nakon što se tajmer zaustavi, izvadite puretinu i prebacite je u tavu. Pržiti 5 minuta.

Pečena slatka patka

Vrijeme pripreme + kuhanja: 3 sata 55 minuta | Porcije: 4

Sastojci

Pačja prsa bez kostiju od 6 oz

¼ žličice cimeta

¼ žličice dimljene paprike

¼ žličice kajenskog papra

1 žlica majčine dušice

1 čajna žličica meda

Sol i crni papar po ukusu

upute

Pripremite vodenu kupelj i stavite Sous Vide u nju. Postavite na 134F. Pačja prsa osušite na limu za pečenje i uklonite kožu, pazeći da ne zarežete meso. Posoliti.

Zagrijte tavu na jakoj vatri. Pecite patku 3-4 minute. Izvadite i ostavite sa strane.

Pomiješajte papriku, majčinu dušicu, kajenski papar i cimet u posudi, dobro promiješajte. Smjesom marinirajte pačja prsa. Stavite u vrećicu koja se može vakuumski zatvoriti. Dodajte 1 žlicu meda. Ispustite zrak istiskivanjem vode, zatvorite i uronite vrećicu u vodenu kupelj. Kuhajte 3 sata i 30 minuta.

Nakon što se tajmer zaustavi, uklonite vrećicu i osušite je. Zagrijte tavu na jakoj vatri i pržite patku 2 minute. Okrenite i pecite još 30 sekundi. Ostavite da se ohladi i poslužite.

Pačja prsa

Vrijeme pripreme + kuhanja: 2 sata 10 minuta | Porcije: 3

Sastojci:

3 (6 oz.) pačjih prsa, s kožom
3 žličice listova majčine dušice
2 žličice maslinovog ulja
Sol i crni papar po ukusu

Sastojci:

Na prsima napravite poprečne pruge bez zarezivanja mesa. Začinite kožu, mesnatu stranu majčinom dušicom, paprom i soli. Stavite pačja prsa u 3 zasebne vrećice koje se mogu zatvoriti. Ispustite zrak i zatvorite vrećice. Stavite u hladnjak na 1 sat.

Pripremite vodenu kupelj, stavite Sous Vide u nju i namjestite je na 135F. Izvadite vrećice iz hladnjaka i potopite ih u vodenu kupelj. Postavite tajmer na 1 sat.

Nakon što se tajmer zaustavi, izvadite i otvorite vrećice. Stavite tavu na srednje jaku vatru, dodajte maslinovo ulje. Kad prokuha dodajte patku i kuhajte dok kožica ne omekša, a meso porumeni. Izvadite ga i ostavite da odstoji 3 minute pa ga narežite. Služi.

Orange Goose Confit

Vrijeme pripreme + kuhanje: 12 sati 7 minuta + vrijeme hlađenja | Porcije: 6

Sastojci

3 lista lovora

6 guščjih bataka

10 žličica soli

6 režnjeva protisnutog češnjaka

1 grančica svježeg ružmarina, bez peteljki

1½ šalice guščje masti

1 žličica papra

Kora 1 naranče

upute

Guščje batake premažite češnjakom, soli, paprom u zrnu i ružmarinom. Pokrijte i ostavite u hladnjaku 12-24 sata. Pripremite vodenu kupelj i stavite Sous Vide u nju. Postavite na 172F. Izvadite gusku iz hladnjaka i osušite je kuhinjskom krpom.

Stavite gusku, guščju mast, lovorov list, papar i koricu naranče u vrećicu koja se može zatvoriti. Ispustite zrak istiskivanjem vode, zatvorite i uronite vrećicu u vodenu kupelj. Kuhajte 12 sati.

Nakon što se tajmer zaustavi, izvadite gusku iz vrećice i uklonite višak masnoće. Zagrijte tavu na jakoj vatri i kuhajte gusku 5-7 minuta dok ne postane hrskava.

Tjestenina od kozica s limunom i sirom

Vrijeme pripreme + kuhanja: 55 minuta | Porcije: 4

Sastojci

2 šalice nasjeckane blitve

6 žlica maslaca

½ šalice parmezana

2 češnja češnjaka nasjeckana

1 limun, oguljen i iscijeđen

1 žlica svježeg bosiljka, nasjeckanog

Sol i crni papar po ukusu

1 žličica pahuljica crvene paprike

1½ funte škampa, očišćenih, s repovima

8 oz tjestenine po vašem izboru

upute

Pripremite vodenu kupelj i stavite Sous Vide u nju. Postavite na 137F.

Zagrijte lonac na srednje jakoj vatri i pomiješajte maslac, blitvu, 1/4 šalice sira Pecorino Romano, češnjak, limunovu koricu i sok, bosiljak, sol, crni papar i pahuljice crvene paprike. Kuhajte 5 minuta dok se maslac ne otopi. Ostavite to sa strane, ignorirate.

Stavite škampe u vrećicu koja se može zatvoriti i ulijte mješavinu limuna. Dobro protresi. Ispustite zrak istiskivanjem vode, zatvorite i uronite vrećicu u vodenu kupelj. Kuhajte 30 minuta.

U međuvremenu skuhajte tjesteninu prema uputama na pakiranju. Ocijedite i stavite u zdjelu. Nakon što se tajmer zaustavi, izvadite vrećicu i prebacite je u zdjelu za tjesteninu. Kuhajte 3-4 minute. Premažite preostalim pecorino sirom i poslužite.

Halibut sa slatkim šerijem i miso glazurom

Vrijeme pripreme + kuhanja: 50 minuta | Porcije: 4

Sastojci

1 žlica maslinovog ulja

2 žlice maslaca

⅓ šalice slatkog šerija

⅓ šalice crvenog misa

¼ šalice mirina

3 žlice smeđeg šećera

2½ žlice soja umaka

4 fileta iverka

2 žlice sitno nasjeckanog mladog luka

2 žlice nasjeckanog svježeg peršina

upute

Pripremite vodenu kupelj i stavite Sous Vide u nju. Postavite na 134F. Zagrijte maslac u tavi na srednje niskoj temperaturi. Umiješajte slatki šeri, miso, mirin, smeđi šećer i sojin umak 1 minutu. Ostavite to sa strane, ignorirate. Neka se ohladi. Stavite iverak u 2 vrećice koje se mogu vakuumski zatvoriti. Ispustite zrak istiskivanjem vode, zatvorite i uronite vrećice u vodenu kupelj. Kuhajte 30 minuta.

Nakon što se tajmer zaustavi, izvadite iverak iz vrećica i osušite ga kuhinjskom krpom. Sačuvajte sok za kuhanje. Lonac zagrijte na jakoj vatri i u njega ulijte temeljac od kuhanja. Kuhajte dok se ne smanji na pola.

Zagrijte maslinovo ulje u tavi na srednje jakoj vatri i prebacite filete. Pržite 30 sekundi sa svake strane dok ne postanu hrskavi. Poslužite ribu i prelijte je miso glazurom. Ukrasite mladim lukom i peršinom.

Hrskavi losos sa slatkom glazurom od đumbira

Vrijeme pripreme + kuhanja: 53 minute | Porcije: 4

Sastojci

½ šalice Worcestershire umaka

6 žlica bijelog šećera

4 žlice mirina

2 manja češnja češnjaka, sitno nasjeckana

½ žličice kukuruznog škroba

½ žličice naribanog svježeg đumbira

4 fileta lososa

4 žličice biljnog ulja

2 šalice kuhane riže, za posluživanje

1 žličica pečenog maka

upute

Pripremite vodenu kupelj i stavite Sous Vide u nju. Postavite na 129F.

Pomiješajte Worcestershire umak, šećer, mirin, češnjak, kukuruzni škrob i đumbir u vrućem loncu na srednjoj vatri. Kuhajte 1 minutu dok se šećer ne otopi. Sačuvajte 1/4 šalice umaka. Neka se ohladi. Stavite filete lososa u 2 vrećice koje se mogu zatvoriti s preostalim umakom. Ispustite zrak istiskivanjem vode, zatvorite i uronite vrećice u vodenu kupelj. Kuhajte 40 minuta.

Nakon što se tajmer zaustavi, izvadite filete iz vrećica i osušite ih kuhinjskom krpom. Zagrijte lonac na srednje jakoj vatri i kuhajte šalicu umaka 2 minute dok se ne zgusne. Zagrijte ulje u tavi. Pecite losos na roštilju 30 sekundi sa svake strane. Losos poslužite s umakom i makom.

Citrusna riba s umakom od kokosa

Vrijeme pripreme: 1 sat 57 minuta | Porcije: 6

Sastojci

2 žlice biljnog ulja

4 rajčice, oguljene i nasjeckane

2 crvene paprike, narezane na kockice

1 žuti luk, narezan na kockice

½ šalice soka od naranče

¼ šalice soka od limete

4 češnja češnjaka nasjeckana

1 žličica zdrobljenih sjemenki kima

1 žličica kumina u prahu

1 žličica kajenskog papra

½ žličice soli

6 fileta bakalara oguljenih i narezanih na kockice

14 unci kokosovog mlijeka

¼ šalice naribanog kokosa

3 žlice nasjeckanog svježeg korijandera

upute

Pripremite vodenu kupelj i stavite Sous Vide u nju. Postavite na 137F.

U zdjeli pomiješajte sok od naranče, sok od limete, češnjak, sjemenke kima, kumin, kajenski papar i sol. Premažite filete smjesom limete. Pokrijte i ostavite da se ohladi u hladnjaku 1 sat.

U međuvremenu zagrijte ulje u tavi na srednje jakoj vatri pa dodajte rajčice, papriku, luk i sol. Kuhajte dok ne omekša 4-5 minuta. Prelijte kokosovo mlijeko preko smjese rajčice i kuhajte 10 minuta. Stavite sa strane i ostavite da se ohladi.

Izvadite filete iz hladnjaka i stavite ih u 2 vakumirane vrećice sa smjesom od kokosa. Ispustite zrak istiskivanjem vode, zatvorite i uronite vrećice u vodenu kupelj. Kuhajte 40 minuta. Nakon što se tajmer zaustavi, izvadite vrećice i prebacite sadržaj u zdjelu. Ukrasite nasjeckanim kokosom i korijanderom. Poslužite s rižom.

Vahnja poširana s limetom i peršinom

Vrijeme pripreme + kuhanja: 75 minuta | Porcije: 4

Sastojci

4 fileta prsa, s kožom

½ žličice soli

6 žlica maslaca

Korica i sok 1 limete

2 žličice nasjeckanog svježeg peršina

1 limeta, narezana na četvrtine

upute

Pripremite vodenu kupelj i stavite Sous Vide u nju. Postavite na 137F.

Filete posolite i stavite u 2 vakumirane vrećice. Dodajte maslac, koricu i sok od pola limete i 1 žlicu peršina. Ispustite zrak metodom istiskivanja vode. Stavite u hladnjak i ostavite da se hladi 30 minuta. Zatvorite i potopite vrećice u vodenu kupelj. Kuhajte 30 minuta.

Nakon što se tajmer zaustavi, izvadite filete i osušite ih kuhinjskom krpom. U tavi na srednje jakoj vatri zagrijte preostali maslac i pržite filete 45 sekundi sa svake strane, žlicom zalivajući ih otopljenim maslacem. Posušite kuhinjskom krpom i stavite na tanjur. Ukrasite četvrtinama limete i poslužite.

Hrskava tilapija sa senfom i umakom od javora

Vrijeme pripreme + kuhanja: 65 minuta | Porcije: 4

Sastojci

2 žlice javorovog sirupa

6 žlica maslaca

2 žlice Dijon senfa

2 žlice smeđeg šećera

1 žlica peršina

1 žlica majčine dušice

2 žlice soja umaka

2 žlice bijelog vinskog octa

4 fileta tilapije, s kožom

upute

Pripremite vodenu kupelj i stavite Sous Vide u nju. Postavite na 114F.

Zagrijte lonac na srednje jakoj vatri i dodajte 4 žlice maslaca, senf, smeđi šećer, javorov sirup, sojin umak, ocat, peršin i timijan. Kuhajte 2 minute. Ostavite sa strane i ostavite da se ohladi 5 minuta.

Stavite filete tilapije u vrećicu koja se može zatvoriti s umakom od javora. Ispustite zrak istiskivanjem vode, zatvorite i uronite vrećicu u vodenu kupelj. Kuhajte 45 minuta.

Nakon što se tajmer zaustavi, izvadite filete i osušite ih kuhinjskom krpom. U tavi na srednjoj vatri zagrijte preostali maslac i pržite file 1-2 minute.

Senf od sabljarke

Vrijeme pripreme + kuhanja: 55 minuta | Porcije: 4

Sastojci

2 žlice maslinovog ulja

2 odreska sabljarke

Sol i crni papar po ukusu

½ žličice Coleman senfa

2 žličice sezamovog ulja

upute

Pripremite vodenu kupelj i stavite Sous Vide u nju. Postavite na 104F. Sabljarku posolite i popaprite. Dobro izmiješajte maslinovo ulje i senf. Stavite sabljarku u vakuumsku vrećicu s mješavinom senfa. Ispustite zrak metodom istiskivanja vode. Pustite da odstoji u hladnjaku 15 minuta. Zatvorite i uronite vrećicu u vodenu kupelj. Kuhajte 30 minuta.

Zagrijte sezamovo ulje u tavi na jakoj vatri. Nakon što se tajmer zaustavi, izvadite sabljarku i osušite je kuhinjskom krpom. Izlijte tekućinu od kuhanja. Prebacite u tavu i pecite 30 sekundi sa svake strane. Sabljarku narežite na ploške i poslužite.

Začinjene riblje tortilje

Vrijeme pripreme + kuhanja: 35 minuta | Porcije: 6

Sastojci

⅓ šalice šlaga

4 fileta iverka, oguljena

1 žličica nasjeckanog svježeg korijandera

¼ žličice crvene paprike

Sol i crni papar po ukusu

1 žlica jabučnog octa

½ glavice slatkog luka, sitno nasjeckanog

6 tortilja

Narezana ledena salata

1 velika rajčica, narezana na ploške

Guacamole za dekoraciju

1 limeta, narezana na četvrtine

upute

Pripremite vodenu kupelj i stavite Sous Vide u nju. Postavite na 134F.

Filete pomiješajte s korijanderom, listićima crvene paprike, soli i paprom. Stavite u vrećicu koja se može vakuumski zatvoriti. Ispustite zrak iscjeđujući vodu, uronite vrećicu u kadu. Kuhajte 25 minuta.

U međuvremenu pomiješajte jabučni ocat, luk, sol i papar. Ostavite to sa strane, ignorirate. Nakon što se tajmer zaustavi, izvadite filete i osušite ih kuhinjskom krpom. Filete ispržite na puhaonici. Izrezati na komade. Na tortilju stavite ribu, dodajte zelenu salatu, rajčicu, vrhnje, mješavinu luka i guacamole. Ukrasite limetom.

Odrezak tune s bosiljkom

Vrijeme pripreme + kuhanja: 45 minuta | Porcije: 5

Sastojci

6 žlica maslinovog ulja

4 odreska tune

Sol i crni papar po ukusu

Korica i sok od 1 limuna

2 češnja češnjaka nasjeckana

1 žličica nasjeckanog svježeg bosiljka

upute

Pripremite vodenu kupelj i stavite Sous Vide u nju. Postavite na 126F. Tunu posolite i popaprite. Pomiješajte 4 žlice maslinova ulja, sok i koricu limuna, češnjak i bosiljak. Stavite u dvije vrećice koje se mogu zatvoriti s marinadom od citrusa. Ispustite zrak istiskivanjem vode, zatvorite i uronite vrećice u vodenu kupelj. Kuhajte 35 minuta.

Nakon što se tajmer zaustavi, izvadite tunu i osušite je kuhinjskom krpom. Sačuvajte temeljac od kuhanja. Zagrijte maslinovo ulje u tavi na jakoj vatri i pržite tunu 1 minutu sa svake strane. Stavite na tanjur i poškropite sokom od kuhanja. Najbolje poslužiti uz rižu.

Salata od sabljarke i krumpira s Kalamata maslinama

Vrijeme pripreme + kuhanja: 3 sata 5 minuta | Porcije: 2

Sastojci

<u>krumpir</u>

3 žlice maslinovog ulja

1 kg batata

2 žličice soli

3 grančice svježeg timijana

<u>Riba</u>

1 žlica maslinovog ulja

1 odrezak sabljarke

Sol i crni papar po ukusu

1 žličica uljane repice

<u>Salata</u>

1 šalica mladog lišća špinata

1 šalica cherry rajčica, prepolovljenih

¼ šalice Kalamata maslina, nasjeckanih

1 žlica maslinovog ulja

1 žličica Dijon senfa

3 žlice jabučnog octa

¼ žličice soli

upute

Za pripremu krumpira: pripremite vodenu kupelj i u nju stavite Sous Vide. Postavite na 192F.

Stavite krumpir, maslinovo ulje, morsku sol i majčinu dušicu u vrećicu koja se može zatvoriti. Ispustite zrak istiskivanjem vode, zatvorite i uronite vrećicu u vodenu kupelj. Kuhajte 1 sat i 15 minuta. Nakon što se tajmer zaustavi, izvadite vrećicu i ne otvarajte je. Ostavite to sa strane, ignorirate.

Pripremite ribu: Pripremite vodenu kupelj i u nju stavite Sous Vide. Postavite na 104F. Sabljarku posolite i popaprite. Stavite u vrećicu koja se može zatvoriti s maslinovim uljem. Ispustite zrak istiskivanjem vode, zatvorite i uronite vrećicu u vodenu kupelj. Kuhajte 30 minuta.

Zagrijte repičino ulje u tavi na jakoj vatri. Izvadite sabljarku i osušite je kuhinjskom krpom. Izlijte tekućinu od kuhanja. Prebacite sabljarku u tavu i pecite 30 sekundi sa svake strane.

Narežite na kriške i prekrijte plastičnom folijom. Ostavite to sa strane, ignorirate.

Na kraju pripremite salatu: u zdjelu za salatu dodajte cherry rajčice, masline, maslinovo ulje, senf, jabučni ocat, sol i dobro promiješajte. Dodajte mladi špinat. Izvadite krumpire i prerežite ih na pola. Izlijte tekućinu od kuhanja. Salata se poslužuje uz krumpir i sabljarku.

Dimljeni losos

Vrijeme pripreme + kuhanja: 1 sat 20 minuta | Porcije: 3

Sastojci:

3 fileta lososa, bez kože
1 žlica šećera
2 žličice dimljene paprike
1 žličica senfa u prahu

upute:

Pripremite vodenu kupelj, umetnite Sous Vide i postavite na 115F. Začinite losos s 1 žličicom soli i stavite u vrećicu s patentnim zatvaračem. Stavite u hladnjak na 30 minuta.

Pomiješajte šećer, dimljenu sol, preostalu sol i senf u prahu u zdjeli i promiješajte. Izvadite losos iz hladnjaka i utrljajte ga mješavinom monk praha.

Stavite losos u vakuumsku vrećicu koja se može zatvoriti, ispustite zrak metodom pritiska vode i zatvorite vrećicu. Uronite u vodenu kupelj i postavite tajmer na 45 minuta. Nakon što se tajmer zaustavi, izvadite vrećicu i otvorite je. Izvadite losos i osušite ga kuhinjskom krpom. Stavite neprianjajuću tavu na srednje jaku vatru, dodajte losos i pržite 30 sekundi. Poslužite s prilogom od povrća kuhanog na pari.

Jakobove kapice s maslacem i pancetom

Vrijeme pripreme + kuhanja: 45 minuta | Porcije: 6

Sastojci

12 velikih školjki

1 žlica maslinovog ulja

Sol i crni papar po ukusu

4 kriške pancete

2 žlice meda

2 žlice maslaca

upute

Pripremite vodenu kupelj i stavite Sous Vide u nju. Postavite na 126F.

Zagrijte pećnicu na 390F. Jakobove kapice prelijte maslinovim uljem, posolite i popaprite. Stavite u vrećicu koja se može vakuumski zatvoriti. Ispustite zrak istiskivanjem vode, zatvorite i uronite vrećicu u vodenu kupelj. Kuhajte 30 minuta.

Prebacite pancetu u lim za pečenje obložen aluminijskom folijom i obje strane premažite medom i paprom. Pecite 20 minuta. Prebacite na tanjur. Sačuvajte mast od pancete.

Nakon što se tajmer zaustavi, izvadite jakobove kapice i osušite ih kuhinjskim ručnikom. Otopite maslac i 1 žlicu masti od pancete u tavi na srednjoj vatri. Stavite jakobove kapice na vrh i pecite 1 minutu sa svake strane dok ne porumene. Pancetu narežite na sitne kockice. Posudi Jacobov šešir. Ukrasite pancetom.

Linguine od lignji s čilijem i limunom

Vrijeme pripreme + kuhanja: 2 sata 10 minuta | Porcije: 4

Sastojci

3 žlice maslinovog ulja

4 tijela lignje, očišćena

Sol i crni papar po ukusu

10 unci sušenog linguina

1 (16 oz.) konzerva rajčica

2 češnja češnjaka nasjeckana

1 žličica pahuljica crvene paprike

1 žličica serrano papra, sitno nasjeckanog

Korica i sok od 1 limuna

3 žlice nasjeckanog svježeg peršina

3 žlice nasjeckanog svježeg kopra

upute

Pripremite vodenu kupelj i stavite Sous Vide u nju. Postavite na 134F. Lignje posolite i popaprite. Stavite lignje i 2 žlice maslinovog ulja u vrećicu koja se može zatvoriti. Ispustite zrak istiskivanjem vode, zatvorite i uronite vrećicu u vodenu kupelj. Kuhajte 2 sata. Nakon 1 sat i 45 minuta skuhajte linguine prema uputama na pakiranju. Ocijedimo ga.

Zagrijte tavu na srednjoj vatri i dodajte preostalo maslinovo ulje, rajčice, češnjak, serrano papar, limunovu koricu i sok te 2 žlice peršina. Pirjati 3 minute. Nakon što se tajmer zaustavi, izvadite lignje i osušite ih kuhinjskom krpom. Narežite na male komadiće. U vrućoj tavi pomiješajte tjesteninu s umakom od rajčice i lignji. Pokapati maslinovim uljem.

Meso rakova s umakom od limete i maslaca

Vrijeme pripreme + kuhanja: 70 minuta | Porcije: 4

Sastojci

6 režnjeva češnjaka, mljevenog

Korica i sok ½ limete

1 funta mesa rakova

4 žlice maslaca

upute

Pripremite vodenu kupelj i stavite Sous Vide u nju. Postavite na 137F. Dobro izmiješajte polovice češnjaka, koricu limete i sok limete. Ostavite to sa strane, ignorirate. Stavite mješavinu mesa rakova, maslaca i limete u vrećicu koja se može zatvoriti. Ispustite zrak istiskivanjem vode, zatvorite i uronite vrećicu u vodenu kupelj. Kuhajte 50 minuta. Nakon što se tajmer zaustavi, uklonite vrećicu. Izlijte tekućinu od kuhanja.

Zagrijte tavu na srednje niskoj razini i dodajte preostali maslac, preostalu smjesu limete i preostali sok od limete. Poslužite rakove u 4 ramekina, prelivene maslacem od limete.

Nordijski brzi losos

Vrijeme pripreme + kuhanja: 30 minuta | Porcije: 4

Sastojci

1 žlica maslinovog ulja

4 fileta lososa, sa kožom

Sol i crni papar po ukusu

Korica i sok od 1 limuna

2 žlice žute gorušice

2 žličice sezamovog ulja

upute

Pripremite vodenu kupelj i stavite Sous Vide u nju. Postavite na 114F. Losos posolite i popaprite. Pomiješajte limunovu koricu i sok, ulje i senf. Stavite losos u 2 vakuumske vrećice s mješavinom senfa. Ispustite zrak metodom pritiska vode, zatvorite i uronite vrećice u kadu. Kuhajte 20 minuta. Zagrijte sezamovo ulje u tavi. Nakon što se tajmer zaustavi, izvadite losos i osušite ga tapkanjem. Prebacite losos u tavu i pržite ga 30 sekundi sa svake strane.

Ukusna pastrva sa senfom i tamari umakom

Vrijeme pripreme + kuhanja: 35 minuta | Porcije: 4

Sastojci

¼ šalice maslinovog ulja

4 fileta pastrve oguljena i narezana

½ šalice Tamari umaka

¼ šalice svijetlo smeđeg šećera

2 češnja češnjaka nasjeckana

1 žlica Colemanovog senfa

upute

Pripremite vodenu kupelj i stavite Sous Vide u nju. Postavite na 130F. Pomiješajte Tamari umak, smeđi šećer, maslinovo ulje i češnjak. Stavite pastrve u vakuumsku vrećicu s tamari smjesom. Ispustite zrak istiskivanjem vode, zatvorite i uronite vrećicu u vodenu kupelj. Kuhajte 30 minuta.

Nakon što se tajmer zaustavi, izvadite pastrve i osušite ih kuhinjskim ručnikom. Izlijte tekućinu od kuhanja. Prilikom posluživanja ukrasite tamari umakom i senfom.

Tuna od sezama s umakom od đumbira

Vrijeme pripreme + kuhanja: 45 minuta | Porcije: 6

Sastojci:

<u>Tuna:</u>

3 odreska tune

Sol i crni papar po ukusu

⅓ šalice maslinovog ulja

2 žlice uljane repice

½ šalice sjemenki crnog sezama

½ šalice bijelog sezama

<u>Umak od đumbira:</u>

1 inč đumbira, naribanog

2 ljutike, mljevene

1 crveni čili, mljeveni

3 žlice vode

Sok od 2 ½ limete

1 ½ žlica rižinog octa

2 i pol žlice soja umaka

1 žlica ribljeg umaka

1 ½ žlica šećera

1 vezica lišća zelene salate

upute:

Počnite s umakom: stavite malu tavu na laganu vatru i dodajte maslinovo ulje. Kada je vruće dodajte đumbir i čili. Kuhajte 3 minute, dodajte šećer i ocat, promiješajte i kuhajte dok se šećer ne otopi. Dodati vodu i pustiti da prokuha. Dodajte sojin umak, riblji umak i sok od limete i kuhajte 2 minute. Ostaviti sa strane da se ohladi.

Pripremite vodenu kupelj, umetnite Sous Vide i postavite na 110F. Začinite tunu solju i paprom i stavite u 3 zasebne vrećice koje se mogu vakumirati. Dodajte maslinovo ulje, ispustite zrak iz vrećice metodom pritiska vode, zatvorite vrećicu i uronite u vodenu kupelj. Postavite tajmer na 30 minuta.

Nakon što se tajmer zaustavi, izvadite i otvorite vrećicu. Ostavite tunu sa strane. Stavite tavu na laganu vatru i dodajte ulje kanole. Tijekom zagrijavanja u posudi pomiješajte sjemenke sezama. Tunjevinu osušite, pospite sezamom i pecite gornju i donju stranu na vrućem ulju dok sjemenke ne počnu smeđiti.

Tunu narežite na tanke trakice. Krpu za posluživanje prekrijte salatom, a na tanjur za salatu rasporedite tunjevinu. Poslužite s umakom od đumbira kao predjelo.

Božanstvena rolada od rakova s češnjakom i limunom

Vrijeme pripreme + kuhanja: 60 minuta | Porcije: 4

Sastojci

4 žlice maslaca

1 kg kuhanog mesa rakova

2 češnja češnjaka nasjeckana

Korica i sok od ½ limuna

½ šalice majoneze

1 glavica luka komorača, nasjeckana

Sol i crni papar po ukusu

4 kolutića sitno izrezati, nauljiti i popržiti

upute

Pripremite vodenu kupelj i stavite Sous Vide u nju. Postavite na 137F. Umiješajte češnjak, limunovu koricu i 1/4 šalice limunova soka. Stavite meso rakova u vrećicu koja se može zatvoriti sa smjesom maslaca i limuna. Ispustite zrak istiskivanjem vode, zatvorite i uronite vrećicu u vodenu kupelj. Kuhajte 50 minuta.

Nakon što se tajmer zaustavi, izvadite vrećicu i prebacite je u zdjelu. Izlijte tekućinu od kuhanja. Meso rakova pomiješajte s preostalim limunovim sokom, majonezom, komoračem, koprom, soli i paprom. Prije posluživanja rolice napunite smjesom od rakova.

Začinjena pougljena hobotnica s umakom od limuna

Vrijeme pripreme + kuhanja: 4 sata 15 minuta | Porcije: 4

Sastojci

5 žlica maslinovog ulja

1 kg pipaka hobotnice

Sol i crni papar po ukusu

2 žlice soka od limuna

1 žlica limunove kore

1 žlica nasjeckanog svježeg peršina

1 žličica majčine dušice

1 žlica paprike

upute

Pripremite vodenu kupelj i stavite Sous Vide u nju. Postavite na 179F. Pipke narežite na komade srednje veličine. Posoliti i popapriti. Stavite duljine u vrećicu koja se može zatvoriti s maslinovim uljem. Ispustite zrak istiskivanjem vode, zatvorite i uronite vrećicu u vodenu kupelj. Kuhajte 4 sata.

Nakon što se tajmer zaustavi, izvadite hobotnicu i osušite je kuhinjskom krpom. Izlijte tekućinu od kuhanja. Pokapati maslinovim uljem.

Zagrijte roštilj na srednje jakoj vatri i pecite pipke 10-15 sekundi po strani. Ostavite to sa strane, ignorirate. Limunov sok, limunovu koricu, papriku, timijan i peršin dobro izmiješajte. Hobotnicu prelijte preljevom od limuna.

Kebab od kreolskih račića

Vrijeme pripreme + kuhanja: 50 minuta | Porcije: 4

Sastojci

Korica i sok od 1 limuna

6 žlica maslaca

2 češnja češnjaka nasjeckana

Sol i bijeli papar po ukusu

1 žlica kreolskog začina

1½ funte škampa, očišćenih

1 žlica mljevenog svježeg kopra + za ukras

kriške limuna

upute

Pripremite vodenu kupelj i stavite Sous Vide u nju. Postavite na 137F.

Otopite maslac u tavi na srednjoj vatri i dodajte češnjak, kreolske začine, limunovu koricu i sok, sol i papar. Kuhajte 5 minuta dok se maslac ne otopi. Stavite sa strane i ostavite da se ohladi.

Stavite škampe u vrećicu koja se može zatvoriti s mješavinom maslaca. Ispustite zrak istiskivanjem vode, zatvorite i uronite vrećicu u vodenu kupelj. Kuhajte 30 minuta.

Nakon što se tajmer zaustavi, izvadite škampe i osušite ih kuhinjskim ručnikom. Izlijte tekućinu od kuhanja. Navucite škampe na ćevape i ukrasite koprom i malo limuna za posluživanje.

Kozice s pikantnim umakom

Vrijeme pripreme + kuhanje: 40 minuta + vrijeme hlađenja |
Porcije: 5

Sastojci

2 kilograma kozica očišćenih i oguljenih

1 šalica pirea od rajčice

2 žlice umaka od hrena

1 žličica soka od limuna

1 žličica tabasco umaka

Sol i crni papar po ukusu

upute

Pripremite vodenu kupelj i stavite Sous Vide u nju. Postavite na
137F. Stavite škampe u vrećicu koja se može vakuumski zatvoriti.
Ispustite zrak metodom pritiska vode, zatvorite i uronite vrećicu
u kadu. Kuhajte 30 minuta.

Nakon što se tajmer zaustavi, izvadite vrećicu i stavite je u kupelj
s ledenom vodom na 10 minuta. Ostavite da se hladi u hladnjaku
1-6 sati. Dobro izmiješajte pastu od rajčice, umak od hrena, soja
umak, limunov sok, tabasco umak, sol i papar. Poslužite škampe
s umakom.

Halibut s lukom i estragonom

Vrijeme pripreme + kuhanja: 50 minuta | Porcije: 2

Sastojci:

2 lb fileta iverka

3 lista estragona

1 žličica češnjaka u prahu

1 žličica luka u prahu

Sol i bijeli papar po ukusu

2 ½ žličice + 2 žličice maslaca

2 ljutike, oguljene i prerezane na pola

2 grančice majčine dušice

Kriške limuna za ukras

upute:

Pripremite vodenu kupelj, stavite Sous Vide u nju i namjestite je na 124 F. Filet iverka narežite na 3 dijela i natrljajte solju, češnjakom u prahu, lukom u prahu i paprom. Stavite filete, estragon i 2 ½ žličice maslaca u 3 zasebne vrećice koje se mogu zatvoriti. Ispustite zrak metodom pritiska vode i zatvorite vrećice. Stavite ih u vodenu kupelj i kuhajte 40 minuta.

Nakon što se tajmer zaustavi, izvadite i otvorite vrećice. Stavite tavu na laganu vatru i dodajte preostali maslac. Nakon što se zagrije, uklonite kožu s iverka i osušite. Dodajte iverak s ljutikom i majčinom dušicom te pržite dok ne postane hrskav s gornje i donje strane. Ukrasite kriškama limuna. Poslužite s prilogom od povrća kuhanog na pari.

Biljni maslac Limun Bakalar

Vrijeme pripreme + kuhanja: 37 minuta | Porcije: 6

Sastojci

8 žlica maslaca

6 fileta bakalara

Sol i crni papar po ukusu

Korica ½ limuna

1 žlica mljevenog svježeg kopra

½ žlice mljevenog svježeg vlasca

½ žlice mljevenog svježeg bosiljka

½ žlice mljevene svježe kadulje

upute

Pripremite vodenu kupelj i stavite Sous Vide u nju. Postavite na 134F. Bakalar posolite i popaprite. Stavite bakalar i koricu limuna u vrećicu koja se može zatvoriti.

Maslac, pola kopra, vlasac, bosiljak i kadulju stavite u posebnu vrećicu koja se može zatvoriti vakumom. Ispustite zrak metodom pritiska vode, zatvorite i uronite obje vrećice u vodenu kupelj. Kuhajte 30 minuta.

Nakon što se tajmer zaustavi, izvadite bakalar i osušite ga kuhinjskom krpom. Izlijte tekućinu od kuhanja. Iz druge vrećice izvadite maslac i njime prelijte bakalar. Ukrasite preostalim koprom.

Horkants s Beurre Nantais

Vrijeme pripreme + kuhanja: 45 minuta | Porcije: 6

Sastojci:

<u>pilan:</u>

2 funte iverka, izrezati svaki na 3 komada

1 žličica kumina u prahu

½ žličice češnjaka u prahu

½ žličice luka u prahu

½ žličice korijandera u prahu

¼ šalice začina za ribu

¼ šalice pekan ulja

Sol i bijeli papar po ukusu

<u>Beurre Blanc:</u>

1 lb maslaca

2 žlice jabučnog octa

2 ljutike, mljevene

1 žličica mljevene paprike

5 oz gustog vrhnja,

Posoliti po ukusu

2 grančice kopra

1 žlica soka od limuna

1 žlica šafrana u prahu

upute:

Pripremite vodenu kupelj, stavite Sous Vide u nju i namjestite je na 132 F. Svinjske kotlete začinite solju i bijelim paprom. Stavite ga u vrećicu koja se može zatvoriti vakuumom, ispustite zrak metodom istiskivanja vode, zatvorite i uronite u vodenu kupelj. Postavite tajmer na 30 minuta. Pomiješajte kumin, češnjak, luk, korijander i začin za ribu. Ostavite to sa strane, ignorirate.

U međuvremenu pripremite beurre blanc. Stavite tavu na srednju vatru i dodajte ljutiku, ocat i papar. Prokuhajte da dobijete sirup. Smanjite vatru i dodajte maslac uz stalno miješanje. Dodajte kopar, limunov sok i šafran u prahu, neprestano miješajte i kuhajte 2 minute. Dodajte vrhnje i sol. Kuhajte 1 minutu. Ugasite vatru i ostavite sa strane.

Nakon što se tajmer zaustavi, izvadite i otvorite vrećicu. Stavite tavu na srednje jaku vatru, dodajte orahovo ulje. Riba se osuši i začini mješavinom začina, te se prži na zagrijanom ulju. Poslužite krumpir i beurre nantais sa špinatom kuhanim na pari.

Pahuljice od tune

Vrijeme pripreme + kuhanja: 1 sat 45 minuta | Porcije: 4

Sastojci:

¼ lb odrezaka od tune

1 žličica lišća ružmarina

1 žličica listova timijana

2 šalice maslinovog ulja

1 režanj češnjaka nasjeckan

upute:

Pripremite vodenu kupelj, stavite Sous Vide u nju i namjestite je na 135F. Stavite odreske tune, sol, ružmarin, češnjak, majčinu dušicu i dvije žlice ulja u vrećicu koja se može zatvoriti. Ispustite zrak istiskivanjem vode, zatvorite i uronite vrećicu u vodenu kupelj. Postavite tajmer na 1 sat i 30 minuta.

Nakon što se tajmer zaustavi, uklonite vrećicu. Stavite tunjevinu u zdjelu i ostavite sa strane. Stavite tavu na jaku vatru, dodajte preostalo maslinovo ulje. Kad je vruće preliti preko tunjevine. Tunjevinu natrgajte s dvije vilice. Prebacite i čuvajte u hermetički zatvorenoj posudi s maslinovim uljem do tjedan dana. Poslužite u salatama.

Jakobove kapice na maslacu

Vrijeme pripreme + kuhanja: 55 minuta | Porcije: 3

Sastojci:

½ funte jakobovih kapica

3 žličice maslaca (2 žličice za kuhanje + 1 žličica za pečenje)

Sol i crni papar po ukusu

upute:

Pripremite vodenu kupelj, stavite Sous Vide u nju i namjestite je na 140F. Osušite jakobove kapice papirnatim ručnikom. Stavite jakobove kapice, sol, 2 žlice maslaca i papar u vrećicu koja se može zatvoriti. Ispustite zrak pomoću metode pritiska vode, zatvorite i uronite vrećicu u vodenu kupelj i namjestite mjerač vremena na 40 minuta.

Nakon što se tajmer zaustavi, izvadite i otvorite vrećicu. Osušite školjke papirnatim ručnikom i ostavite sa strane. Stavite tavu na srednju vatru i preostali maslac. Kad se rastopi, jakobove kapice ispecite s obje strane dok ne porumene. Poslužite s povrćem razmućenim na maslacu.

Sardine od mente

Vrijeme pripreme + kuhanja: 1 sat 20 minuta | Porcije: 3

Sastojci:

2 kilograma sardina

¼ šalice maslinovog ulja

3 češnja protisnutog češnjaka

1 veći limun, svježe iscijeđen

2 grančice svježe metvice

Sol i crni papar po ukusu

upute:

Svu ribu treba oprati i očistiti, ali kožu sačuvati. Posušiti kuhinjskim papirom.

U velikoj zdjeli pomiješajte maslinovo ulje s češnjakom, limunovim sokom, svježom metvicom, soli i paprom. Stavite sardine u veliku vrećicu koja se može zatvoriti zajedno s marinadom. Kuhajte u vodenoj kupelji 1 sat na 104 F. Izvadite iz kupke i ocijedite, ali zadržite umak. Ribu prelijte umakom i porilukom kuhanim na pari.

Orada u bijelom vinu

Vrijeme pripreme + kuhanja: 2 sata | Porcije: 2

Sastojci:

Orada od 1 funta, debljine oko 1 cm, očišćena

1 šalica ekstra djevičanskog maslinovog ulja

1 limun, iscijeđen

1 žlica šećera

1 žlica suhog ružmarina

½ žlice sušenog origana

2 češnja protisnutog češnjaka

½ šalice bijelog vina

1 žličica morske soli

upute:

U većoj zdjeli pomiješajte maslinovo ulje s limunovim sokom, šećerom, ružmarinom, origanom, protisnutim češnjakom, vinom i soli. U ovu smjesu umočite ribu i marinirajte sat vremena u hladnjaku. Izvadite iz hladnjaka i ocijedite, ali tekućinu ostavite za posluživanje. Stavite filete u veliku vrećicu koja se može zatvoriti i zatvorite. Kuhajte en Sous Vide 40 minuta na 122F. Preostalom marinadom premažite filete i poslužite.

Salata od lososa i kelja s avokadom

Vrijeme pripreme + kuhanja: 1 sat | Porcije: 3

Sastojci:

1 kg filea lososa bez kože

Sol i crni papar po ukusu

½ organskog limuna, iscijeđenog

1 žlica maslinovog ulja

1 šalica nasjeckanih listova kelja

½ šalice pečene mrkve, narezane na ploške

½ zrelog avokada, narezati na male kockice

1 žlica svježeg kopra

1 žlica svježeg peršinovog lišća

upute:

Obje strane fileta posolite i popaprite i stavite u veliku vakuumsku vrećicu. Zatvorite vrećicu i kuhajte en sous vide 40 minuta na 122F. Izvadite losos iz vodene kupelji i ostavite sa strane.

Pomiješajte limunov sok, prstohvat soli i crni papar u posudi za miješanje, a zatim postupno umiješajte maslinovo ulje. Dodajte nasjeckani kelj i promiješajte da se ravnomjerno prekrije vinaigretteom. Dodajte pečenu mrkvu, avokado, kopar i peršin. Pažljivo promiješajte. Prebacite u zdjelu i poslužite s lososom na vrhu.

Losos od đumbira

Vrijeme pripreme + kuhanja: 45 minuta | Porcije: 4

Sastojci:

4 fileta lososa, sa kožom

2 žličice sezamovog ulja

1 ½ maslinovog ulja

2 žlice đumbira, naribanog

2 žlice šećera

upute:

Pripremite vodenu kupelj, stavite Sous Vide u nju i namjestite je na 124F. Losos posolite i popaprite. Ostale navedene sastojke staviti u zdjelu i promiješati.

Stavite mješavinu lososa i šećera u dvije vakuumske vrećice koje se mogu zatvoriti, ispustite zrak metodom pritiska vode, zatvorite i uronite vrećicu u vodenu kupelj. Postavite tajmer na 30 minuta.

Nakon što se tajmer zaustavi, izvadite i otvorite vrećicu. Stavite tavu na srednje jaku vatru, na dno stavite papir za pečenje i zagrijte. Dodajte losos s kožom prema dolje i pržite svaki po 1 minutu. Poslužite s prilogom od brokule namazane maslacem.

Dagnje u svježem soku limete

Vrijeme pripreme + kuhanja: 40 minuta | Porcije: 2

Sastojci:

1 funta svježih školjki, bez perli

1 srednja glavica luka, oguljena i nasjeckana

Češanj češnjaka, zgnječen

½ šalice svježe iscijeđenog soka od limete

¼ šalice svježeg peršina, sitno nasjeckanog

1 žlica nasjeckanog ružmarina

2 žlice maslinovog ulja

upute:

Stavite dagnje u veliku vakuumsku posudu zajedno sa sokom limete, češnjakom, lukom, peršinom, ružmarinom i maslinovim uljem. Kuhajte Sous Vide 30 minuta na 122F. Poslužite uz zelenu salatu.

Odrezak tune mariniran u začinskom bilju

Vrijeme pripreme + kuhanja: 1 sat 25 minuta | Porcije: 5

Sastojci:

Odrezak tune od 2 funte, debljine oko 1 inč

1 žličica mljevenog suhog timijana

1 žličica svježeg bosiljka, nasjeckanog

¼ šalice sitno nasjeckane ljutike

2 žlice svježeg peršina, sitno nasjeckanog

1 žlica svježeg kopra, nasjeckanog

1 žličica svježe naribane kore limuna

½ šalice sjemenki sezama

4 žlice maslinovog ulja

Sol i crni papar po ukusu

upute:

File tune operite pod hladnom tekućom vodom i osušite kuhinjskim papirom. Ostavite to sa strane, ignorirate.

U velikoj zdjeli pomiješajte majčinu dušicu, bosiljak, ljutiku, peršin, kopar, ulje, sol i papar. Dobro izmiješajte, pa u ovu marinadu umočite odreske. Dobro pokrijte i stavite u hladnjak na 30 minuta.

Stavite odreske u veliku vrećicu koja se može zatvoriti zajedno s marinadom. Stisnite vrećicu kako biste uklonili zrak i zatvorite poklopac. Sous Vide kuhajte 40 minuta na 131 stupnju.

Odreske izvadite iz vrećice i prebacite na kuhinjski papir. Pažljivo osušite i uklonite bilje. Zagrijte tavu na jako. Odreske uvaljati u susam i prebaciti u tepsiju. Pržite obje strane 1 minutu, a zatim maknite s vatre.

Kolačići od rakova

Vrijeme pripreme + kuhanja: 65 minuta | Porcije: 4

Sastojci:

1 kilogram grudvastog mesa rakova

1 šalica crvenog luka, sitno nasjeckanog

½ šalice nasjeckane crvene paprike

2 žlice čili papričice, sitno nasjeckane

1 žlica lišća celera, nasjeckanog

1 žlica nasjeckanog lišća peršina

½ žličice estragona, sitno nasjeckanog

Sol i crni papar po ukusu

4 žlice maslinovog ulja

2 žlice bademovog brašna

3 jaja, istučena

upute:

U tavi zagrijte 2 žlice maslinovog ulja i dodajte luk. Pržite dok ne bude prozirno i dodajte nasjeckanu crvenu papriku i čili papričicu. Kuhajte 5 minuta uz stalno miješanje.

Prebacite u veliku zdjelu. Dodajte meso rakova, celer, peršin, estragon, sol, papar, bademovo brašno i jaje. Dobro izmiješajte i oblikujte pljeskavice promjera 2 inča. Lagano podijelite hamburger u 2 vrećice koje se mogu zatvoriti i zatvorite ih. Kuhajte u sous videu 40 minuta na 122F.

Zagrijte preostalo maslinovo ulje u grill tavi koja se ne lijepi na jakoj vatri. Izvadite pogačice iz vodene kupelji i prebacite ih u tavu. Pržite kratko s obje strane 3-4 minute i poslužite.

Chili Smelts

Vrijeme pripreme + kuhanja: 1 sat 15 minuta | Porcije: 5

Sastojci:

1 funta svježeg mirisa

½ šalice soka od limuna

3 češnja protisnutog češnjaka

1 čajna žličica soli

1 šalica ekstra djevičanskog maslinovog ulja

2 žlice svježeg kopra, nasjeckanog

1 žlica vlasca, mljevenog

1 žlica čili papričice, mljevene

upute:

Isperite mirise pod hladnom tekućom vodom i ocijedite. Ostavite to sa strane, ignorirate.

U većoj zdjeli pomiješajte maslinovo ulje s limunovim sokom, protisnutim češnjakom, morskom soli, sitno nasjeckanim koprom, mljevenim vlascem i čili papričicom. U ovu smjesu dodajte mirise i poklopite. Stavite u hladnjak na 20 minuta.

Izvadite iz hladnjaka i stavite u veliku vrećicu koja se može zatvoriti zajedno s marinadom. Kuhajte u sous videu 40 minuta na 104 F. Izvadite iz vodene kupelji i ocijedite, ali zadržite tekućinu.

Zagrijte veliku tavu na srednje jakoj vatri. Dodajte začine i kratko ih okrenite 3-4 minute. Maknite s vatre i stavite na tanjur. Prelijte marinadom i odmah poslužite.

Marinirani file soma

Vrijeme pripreme + kuhanja: 1 sat 20 minuta | Porcije: 3

Sastojci:

1 kilogram fileta soma

½ šalice soka od limuna

½ šalice nasjeckanog lišća peršina

2 češnja protisnutog češnjaka

1 šalica luka, nasjeckanog

1 žlica svježeg kopra, nasjeckanog

1 žlica svježeg lišća ružmarina, nasjeckanog

2 šalice svježe iscijeđenog soka od jabuke

2 žlice Dijon senfa

1 šalica ekstra djevičanskog maslinovog ulja

upute:

U velikoj zdjeli pomiješajte limunov sok, lišće peršina, protisnuti češnjak, nasjeckani luk, svježi kopar, ružmarin, sok od jabuke, senf i maslinovo ulje. Tucite dok se dobro ne sjedini. Umočite filete u ovu smjesu i pokrijte čvrstim poklopcem. Stavite u hladnjak na 30 minuta.

Izvadite ga iz hladnjaka i stavite u 2 vrećice koje se mogu vakumirati. Zatvorite i kuhajte u sous videu 40 minuta na 122F. Izvadite i ocijedite; sačuvajte tekućinu. Poslužite preliveno vlastitom tekućinom.

Kozice s peršinom i limunom

Vrijeme pripreme + kuhanja: 35 minuta | Porcije: 4

Sastojci:

12 većih kozica oguljenih i očišćenih

1 čajna žličica soli

1 žličica šećera

3 žličice maslinovog ulja

1 list lovora

1 grančica nasjeckanog peršina

2 žlice limunove kore

1 žlica soka od limuna

upute:

Pripremite vodenu kupelj, postavite Sous Vide na 156F. Dodajte škampe, sol i šećer u zdjelu, promiješajte i ostavite 15 minuta. Stavite škampe, lovorov list, maslinovo ulje i koricu limuna u vrećicu koja se može zatvoriti. Ispustite zrak metodom istiskivanja vode i zatvorite. Uroniti u kadu i kuhati 10 minuta. Nakon što se tajmer zaustavi, izvadite i otvorite vrećicu. Kozice ocijedite i poškropite limunovim sokom.

Sous Vide iverak

Vrijeme pripreme + kuhanja: 1 sat 20 minuta | Porcije: 4

Sastojci:

1 kilogram fileta iverka

3 žlice maslinovog ulja

¼ šalice ljutike, sitno nasjeckane

1 žličica svježe naribane kore limuna

½ žličice mljevenog osušenog timijana

1 žlica svježeg peršina, sitno nasjeckanog

1 žličica svježeg kopra, nasjeckanog

Sol i crni papar po ukusu

upute:

Ribu operite pod hladnom tekućom vodom i osušite kuhinjskim papirom. Narežite na tanke ploške i obilno pospite solju i paprom. Stavite u veliku vrećicu koja se može zatvoriti i dodajte dvije žlice maslinovog ulja. Začinite ljutikom, majčinom dušicom, peršinom, koprom, soli i paprom.

Stisnite vrećicu kako biste uklonili zrak i zatvorite poklopac. Protresite vrećicu da se svi fileti prekriju začinima i ostavite u hladnjaku 30 minuta prije kuhanja. Kuhajte u sous videu 40 minuta na 131 F.

Izvadite vrećicu iz vode i ostavite da se malo ohladi. Stavite na kuhinjski papir i ocijedite. Uklonite začinsko bilje.

Zagrijte preostalo ulje u velikoj tavi na jakoj vatri. Dodajte fil i kuhajte 2 minute. Okrenite filete i pecite oko 35-40 sekundi, a zatim maknite s vatre. Ponovno prebacite ribu na papirnati ubrus i uklonite višak masnoće. Poslužite odmah.

Potplat s limunovim maslacem

Vrijeme pripreme + kuhanja: 45 minuta | Porcije: 3

Sastojci:

3 fileta lista

1 ½ žlica neslanog maslaca

¼ šalice soka od limuna

½ žličice limunove korice

Limun papar po ukusu

1 grančica peršina za ukras

upute:

Pripremite vodenu kupelj, umetnite Sous Vide i postavite na 132F. Obrišite potplate i stavite ih u 3 zasebne vrećice koje se mogu zatvoriti vakuumom. Ispustite zrak metodom pritiska vode i zatvorite vrećice. Uronite u vodenu kupelj i postavite tajmer na 30 minuta.

Stavite malu tavu na srednju vatru, dodajte maslac. Kad se rastopi maknite s vatre. Dodajte limunov sok i koricu limuna i promiješajte.

Nakon što se tajmer zaustavi, izvadite i otvorite vrećicu. Filete stavite na tanjure, pokapajte umakom od maslaca i ukrasite peršinom. Poslužite s prilogom od zelenog povrća kuhanog na pari.

Bakalar s pečenim bosiljkom

Vrijeme pripreme + kuhanja: 50 minuta | Porcije: 4

Sastojci:

1 funta fileta bakalara

1 šalica pečenih rajčica

1 žlica sušenog bosiljka

1 šalica ribljeg umaka

2 žlice paste od rajčice

3 stabljike celera nasjeckane

1 mrkva, narezana na ploške

¼ šalice maslinovog ulja

1 glavica luka sitno nasjeckana

½ šalice gljiva

upute:

Zagrijte maslinovo ulje u velikoj tavi na srednje jakoj vatri. Dodajte celer, luk i mrkvu. Uz miješanje pržite 10 minuta. Maknite s vatre i stavite u vakuumsku vrećicu s ostalim sastojcima. Kuhajte u sous videu 40 minuta na 122F.

Svijetla tilapija

Vrijeme pripreme + kuhanja: 1 sat 10 minuta | Porcije: 3

Sastojci

3 (4 oz) fileta tilapije

3 žlice maslaca

1 žlica jabučnog octa

Sol i crni papar po ukusu

upute:

Napravite vodenu kupelj, umetnite Sous Vide i postavite na 124F. Tilapiju začinite paprom i solju i stavite u vakuumsku vrećicu koja se može zatvoriti. Ispustite zrak metodom pritiska vode i zatvorite vrećicu. Uronite u vodenu kupelj i postavite tajmer na 1 sat.

Nakon što se tajmer zaustavi, izvadite i otvorite vrećicu. Stavite tavu na srednju vatru i dodajte maslac i ocat. Kuhajte i neprestano miješajte dok se ocat ne reducira na pola. Dodajte tilapiju i malo popržite. Posoliti i popapriti po ukusu. Poslužite uz prilog od povrća na maslacu.

Losos sa šparogama

Vrijeme pripreme + kuhanja: 3 sata 15 minuta | Porcije: 6

Sastojci:

1 kg filea divljeg lososa

1 žlica maslinovog ulja

1 žlica sušenog origana

12 srednjih šparoga

4 češnja češnjaka

1 žlica svježeg peršina

Sol i crni papar po ukusu

upute:

Filete začinite origanom, posolite i popaprite s obje strane i lagano premažite maslinovim uljem.

Stavite u veliku posudu koja se može vakuumirati s ostalim sastojcima. Pomiješajte sve začine u posudi za miješanje. Ravnomjerno utrljajte smjesu na obje strane odreska i stavite u veliku vrećicu koja se može zatvoriti. Zatvorite vrećicu i kuhajte u sous videu 3 sata na 136F.

Curry skuša

Vrijeme pripreme + kuhanja: 55 minuta | Porcije: 3

Sastojci:

3 fileta skuše bez glave

3 žlice curry paste

1 žlica maslinovog ulja

Sol i crni papar po ukusu

upute:

Pripremite vodenu kupelj, stavite Sous Vide u nju i namjestite je na 120F. Skuše popaprite i posolite pa stavite u vakum vrećicu. Ispustite zrak metodom istiskivanja vode, zatvorite i potopite u vodenu kupelj i namjestite mjerač vremena na 40 minuta.

Nakon što se tajmer zaustavi, izvadite i otvorite vrećicu. Stavite tavu na srednje jaku vatru, dodajte maslinovo ulje. Premazati skuše curryjem (ne sušiti)

Kad se zagrije dodajte skuše i pržite dok ne porumene. Poslužite uz lisnato zeleno povrće kuhano na pari.

Lignje s ružmarinom

Vrijeme pripreme + kuhanja: 1 sat 15 minuta | Porcije: 3

Sastojci:

1 kg svježih lignji, cijelih

½ šalice ekstra djevičanskog maslinovog ulja

1 žlica ružičaste himalajske soli

1 žlica suhog ružmarina

3 češnja protisnutog češnjaka

3 cherry rajčice prerezane na pola

upute:

Svaku lignju temeljito isperite pod tekućom vodom. Svakoj lignji oštrim nožem izvadite glave i očistite ih.

U velikoj zdjeli pomiješajte maslinovo ulje sa soli, sušenim ružmarinom, cherry rajčicama i protisnutim češnjakom. U ovu smjesu umočite lignje i ostavite u hladnjaku 1 sat. Zatim ga izvadite i ocijedite. Lignje i cherry rajčice stavite u veliku vakuumsku vrećicu. Kuhajte en sous vide jedan sat na 136F.

Prženi limunski škampi

Vrijeme pripreme + kuhanja: 50 minuta | Porcije: 3

Sastojci:

1 funta škampa, oguljenih i očišćenih

3 žlice maslinovog ulja

½ šalice svježe iscijeđenog soka od limuna

1 češanj češnjaka, zgnječen

1 žličica svježeg ružmarina, zdrobljenog

1 žličica morske soli

upute:

Maslinovo ulje pomiješajte s limunovim sokom, protisnutim češnjakom, ružmarinom i soli. Premažite smjesu preko svake kozice i stavite je u veliku vrećicu koja se može zatvoriti. Kuhajte u sous videu 40 minuta na 104 F.

Hobotnica na žaru

Vrijeme pripreme + kuhanja: 5 sati 20 minuta | Porcije: 3

Sastojci:

½ lb srednjih pipaka hobotnice, blanširanih

Sol i crni papar po ukusu

3 žličice + 3 žlice maslinovog ulja

2 žličice sušenog origana

2 grančice svježeg peršina nasjeckanog

Led za ledenu kupku

upute:

Pripremite vodenu kupelj, namjestite Sous Vide na 171F.

Stavite hobotnicu, sol, 3 žličice maslinovog ulja i papar u vrećicu koja se može zatvoriti. Ispustite zrak istiskivanjem vode, zatvorite i uronite vrećicu u vodenu kupelj. Postavite tajmer na 5 sati.

Nakon što se tajmer zaustavi, izvadite vrećicu i pokrijte je u ledenoj kupelji. Ostavite to sa strane, ignorirate. Zagrijte roštilj.

Kad se roštilj zagrije, hobotnicu prebacite na tanjur, dodajte 3 žlice maslinovog ulja i umasirajte. Pecite hobotnicu na roštilju da se sa svih strana lijepo zapeče. Dodajte hobotnicu i ukrasite peršinom i origanom. Poslužite sa slatkim i ljutim umakom.

Odresci divljeg lososa

Vrijeme pripreme + kuhanja: 1 sat 25 minuta | Porcije: 4

Sastojci:

Odresci divljeg lososa od 2 kilograma

3 češnja protisnutog češnjaka

1 žlica svježeg ružmarina, nasjeckanog

1 žlica svježe iscijeđenog soka od limuna

1 žlica svježe iscijeđenog soka od naranče

1 žličica narančine kore

1 žličica ružičaste himalajske soli

1 šalica ribljeg umaka

upute:

Pomiješajte narančin sok s limunovim sokom, ružmarinom, češnjakom, narančinom koricom i soli. Smjesu namažite na svaki odrezak i ostavite u hladnjaku 20 minuta. Prebacite u veliku vrećicu koja se može zatvoriti i ulijte ribu. Zatvorite vrećicu i kuhajte u sous videu 50 minuta na 131F.

Zagrijte veliku grill tavu koja se ne lijepi. Izvadite odreske iz vakumirane vrećice i pecite na roštilju 3 minute sa svake strane dok lagano ne porumene.

Varivo od tilapije

Vrijeme pripreme + kuhanja: 65 minuta | Porcije: 3

Sastojci:

1 kg filea tilapije

½ šalice luka, nasjeckanog

1 šalica mrkve, nasjeckane

½ šalice lišća cilantra, nasjeckanog

3 češnja češnjaka sitno nasjeckana

1 šalica zelene paprike, sitno nasjeckane

1 žličica talijanske mješavine začina

1 žličica kajenskog papra

½ žličice čili papričice

1 šalica svježeg soka od rajčice

Sol i crni papar po ukusu

3 žlice maslinovog ulja

upute:

Zagrijte maslinovo ulje na srednje jakoj vatri. Dodajte nasjeckani luk i pržite dok ne postane proziran.

Sada dodajte paprike, mrkvu, češnjak, cilantro, talijanski začin, kajenski papar, čili papar, sol i crni papar. Dobro promiješajte i kuhajte još desetak minuta.

Uklonite s vatre i stavite u veliku vrećicu koja se može zatvoriti zajedno sa sokom od rajčice i filetima tilapije. Kuhajte u sous videu 50 minuta na 122F. Izvadite iz vodene kupelji i poslužite.

Školjke s maslacem s paprom

Vrijeme pripreme + kuhanja: 1 sat 30 minuta | Porcije: 2

Sastojci:

4 oz konzerviranih školjki

¼ šalice suhog bijelog vina

1 stabljika celera narezana na kockice

1 kockice pastrnjaka

1 ljutika narezana na četvrtine

1 list lovora

1 žlica crnog papra

1 žlica maslinovog ulja

8 žlica maslaca sobne temperature

1 žlica nasjeckanog svježeg peršina

2 češnja češnjaka nasjeckana

Posoliti po ukusu

1 žličica svježe mljevenog crnog papra

¼ šalice panko krušnih mrvica

1 baguette, narezan

upute:

Pripremite vodenu kupelj i stavite Sous Vide u nju. Postavite na 154F. Stavite školjke, ljutiku, celer, pastrnjak, vino, papar u zrnu, maslinovo ulje i lovorov list u vrećicu koja se može vakuumski zatvoriti. Ispustite zrak istiskivanjem vode, zatvorite i uronite vrećicu u vodenu kupelj. Kuhajte 60 minuta.

Maslac, peršin, sol, češnjak i mljevenu papriku izmiješajte mikserom. Miksajte srednjom brzinom. Stavite smjesu u plastičnu vrećicu i zarolajte. Stavite u hladnjak i ostavite da se ohladi.

Nakon što se tajmer zaustavi, izvadite puža i povrće. Izlijte tekućinu od kuhanja. Zagrijte tavu na jakoj vatri. Premažite ljuske maslacem, pospite krušnim mrvicama i kuhajte 3 minute dok se ne otope. Poslužite s toplim kriškama bageta.

korijander pastrva

Vrijeme pripreme + kuhanja: 60 minuta | Porcije: 4

Sastojci:

2 kilograma pastrve, 4 kom

5 češnja češnjaka

1 žlica morske soli

4 žlice maslinovog ulja

1 šalica lišća cilantra, nasjeckanog

2 žlice nasjeckanog ružmarina

¼ šalice svježe iscijeđenog soka od limuna

upute:

Ribu dobro očistite i isperite. Osušite kuhinjskim papirom i natrljajte solju. Pomiješajte češnjak s maslinovim uljem, korijanderom, ružmarinom i limunovim sokom. Smjesom napunite svaku ribu. Stavite u zasebne vrećice koje se mogu vakuumski zatvoriti i zatvorite. Kuhajte Sous Vide 45 minuta na 131F.

Koluti od sipe

Vrijeme pripreme + kuhanja: 1 sat 25 minuta | Porcije: 3

Sastojci:

2 šalice kolutića lignji

1 žlica svježeg ružmarina

Sol i crni papar po ukusu

½ šalice maslinovog ulja

upute:

U veću čistu plastičnu vrećicu ubacite kolutiće lignji s ružmarinom, soli, paprom i maslinovim uljem. Zatvorite vrećicu i protresite je nekoliko puta da se dobro obloži. Prebacite u veliku vrećicu za vakuumiranje i zatvorite. Kuhajte u sous videu 1 sat i 10 minuta na 131 F. Izvadite iz vodene kupelji i poslužite.

Salata od čili račića i avokada

Vrijeme pripreme + kuhanja: 45 minuta | Porcije: 4

Sastojci:

1 sitno nasjeckani crveni luk

Sok od 2 limete

1 žličica maslinovog ulja

¼ žličice morske soli

⅛ žličice bijelog papra

1 funta sirovih škampa, oguljenih i kuhanih

1 rajčica narezana na kockice

1 avokado narezan na kockice

1 zelena čili papričica, očišćena od sjemenki i narezana na kockice

1 žlica nasjeckanog korijandera

upute:

Pripremite vodenu kupelj i stavite Sous Vide u nju. Postavite na 148F.

Stavite sok limete, crveni luk, morsku sol, bijeli papar, maslinovo ulje i škampe u vrećicu koja se može zatvoriti. Ispustite zrak istiskivanjem vode, zatvorite i uronite vrećicu u vodenu kupelj. Kuhajte 24 minute.

Nakon što se tajmer zaustavi, izvadite vrećicu i stavite je u kupelj s ledenom vodom na 10 minuta. Pomiješajte rajčice, avokado, zelene čili papričice i korijander u zdjeli. Izlijte sadržaj vrećice na vrh.

Maslac Red Snapper s citrusnim umakom od šafrana

Vrijeme pripreme + kuhanja: 55 minuta | Porcije: 4

Sastojci

4 očišćene crvene paprike

2 žlice maslaca

Sol i crni papar po ukusu

<u>Za umak od citrusa</u>

1 limun

1 grejpfrut

1 limeta

3 naranče

1 žličica Dijon senfa

2 žlice uljane repice

1 glavica žutog luka

1 tikvica, narezana na kockice

1 žličica šafrana

1 žličica čili papričice, narezane na kockice

1 žlica šećera

3 šalice ribljeg umaka

3 žlice nasjeckanog korijandera

upute

Pripremite vodenu kupelj i stavite Sous Vide u nju. Postavite na 132F. Filete snappera začinite solju i paprom i stavite u vakuumsku vrećicu koja se može zatvoriti. Ispustite zrak istiskivanjem vode, zatvorite i uronite vrećicu u vodenu kupelj. Kuhajte 30 minuta.

Voće ogulite i narežite na kockice. Zagrijte ulje u tavi na srednje jakoj vatri pa dodajte luk i tikvice. Pirjati 2-3 minute. Dodajte voće, šafran, papar, senf i šećer. Kuhajte još 1 minutu. Umiješajte riblji temeljac i pirjajte 10 minuta. Ukrasite cilantrom i ostavite sa strane. Nakon što se tajmer zaustavi, izvadite ribu i prebacite je na tanjur. Premažite umakom od citrusa i šafrana i poslužite.

File bakalara u kori od sezama

Vrijeme pripreme + kuhanja: 45 minuta | Porcije: 2

Sastojci

1 veliki file bakalara

2 žlice paste od sezama

1½ žlice smeđeg šećera

2 žlice ribljeg umaka

2 žlice maslaca

sezam

upute

Pripremite vodenu kupelj i stavite Sous Vide u nju. Postavite na 131F.

Umočite bakalar u mješavinu smeđeg šećera, paste od sezama i ribljeg umaka. Stavite u vrećicu koja se može vakuumski zatvoriti. Ispustite zrak istiskivanjem vode, zatvorite i uronite vrećicu u vodenu kupelj. Kuhajte 30 minuta. Otopite maslac u tavi na srednje jakoj vatri.

Nakon što se tajmer zaustavi, izvadite bakalar, prebacite ga u tavu i kuhajte 1 minutu. Poslužite prilikom posluživanja. U posudu ulijte temeljac od kuhanja i kuhajte dok ne omekša. Dodajte 1 žlicu maslaca i promiješajte. Umak prelijte preko bakalara i ukrasite sjemenkama sezama. Poslužite s rižom.

Kremasti losos s umakom od špinata i senfa

Vrijeme pripreme + kuhanja: 55 minuta | Porcije: 2

jaSastojci

4 fileta lososa bez kože

1 veća vezica špinata

½ šalice Dijon senfa

1 šalica gustog vrhnja

1 šalica pola-pola vrhnja

1 žlica soka od limuna

Sol i crni papar po ukusu

upute

Pripremite vodenu kupelj i stavite Sous Vide u nju. Postavite na 115F. Posoljeni losos stavite u vrećicu koja se može vakuumirati. Ispustite zrak istiskivanjem vode, zatvorite i uronite vrećicu u vodenu kupelj. Kuhajte 45 minuta.

Zagrijte lonac na srednje jakoj vatri i kuhajte špinat dok ne omekša. Smanjite vatru i dodajte limunov sok, papar i sol. Nastavi kuhati. Zagrijte lonac na srednje jakoj vatri i umiješajte pola-pola vrhnja i Dijon senf. Smanjite vatru i kuhajte. Posoliti i popapriti. Nakon što se tajmer zaustavi, izvadite losos i prebacite ga na tanjur. Prelijte umakom. Poslužite sa špinatom.

Dagnje s paprikom i svježa salata

Vrijeme pripreme + kuhanja: 55 minuta | Porcije: 4

Sastojci

1 kg jakobovih kapica

1 žličica češnjaka u prahu

½ žličice luka u prahu

½ žličice paprike

¼ žličice kajenskog papra

Sol i crni papar po ukusu

Salata

3 šalice kukuruznih zrna

½ litre prepolovljenih cherry rajčica

1 crvena paprika narezana na kockice

2 žlice nasjeckanog svježeg peršina

Zavoj

1 žlica svježeg bosiljka

1 limun narezan na četvrtine

upute

Pripremite vodenu kupelj i stavite Sous Vide u nju. Postavite na 122F.

Stavite jakobove kapice u vrećicu koja se može vakuumski zatvoriti. Posoliti i popapriti. Pomiješajte češnjak u prahu, papriku, luk i kajenski papar u zdjeli. Ulijte ga. Ispustite zrak istiskivanjem vode, zatvorite i uronite vrećicu u vodenu kupelj. Kuhajte 30 minuta.

U međuvremenu zagrijte pećnicu na 400F. Stavite zrna kukuruza i crvenu papriku u vatrostalnu posudu. Pokapajte maslinovim uljem i začinite solju i paprom. Kuhajte 5-10 minuta. Prebacite u zdjelu i pomiješajte s peršinom. Sastojke za preljev dobro izmiješajte u posudi i prelijte preko zrna kukuruza.

Nakon što se tajmer zaustavi, izvadite vrećicu i prebacite je u vruću tavu. Pržite obje strane 2 minute. Poslužite na tanjur, školjke i salatu. Ukrasite bosiljkom i kriškom limuna.

Slatke školjke s mangom

Vrijeme pripreme + kuhanja: 50 minuta | Porcije: 4

Sastojci

1 funta velikih jakobovih kapica

1 žlica maslaca

<u>Umak</u>

1 žlica soka od limuna

2 žlice maslinovog ulja

<u>Ukrašava</u>

1 žlica korice limete

1 žlica narančine kore

1 šalica manga narezanog na kockice

1 tanko narezana Serrano paprika

2 žlice nasjeckanih listova metvice

upute

Stavite jakobove kapice u vrećicu koja se može vakuumski zatvoriti. Posoliti i popapriti. Pustite da se ohladi preko noći u hladnjaku. Pripremite vodenu kupelj i stavite Sous Vide u nju. Postavite na 122F. Ispustite zrak metodom pritiska vode, zatvorite i uronite vrećicu u vodenu kupelj. Kuhajte 15-35 minuta.

Zagrijte tavu na srednje jakoj vatri. Sastojke za umak dobro izmiješajte u posudi. Nakon što se tajmer zaustavi, izvadite jakobove kapice, prebacite ih u tavu i kuhajte dok ne porumene. Poslužiti na tanjur. Prelijte umakom i dodajte sastojke za dekoraciju.

Poriluk i škampi s vinaigrette od senfa

Vrijeme pripreme + kuhanja: 1 sat 20 minuta | Porcije: 4

jaSastojci

6 poriluka

5 žlica maslinovog ulja

Sol i crni papar po ukusu

1 ljutika, mljevena

1 žlica rižinog octa

1 žličica Dijon senfa

1/3 funte kuhanih lovorovih škampa

Svježi peršin sitno nasjeckan

upute

Pripremite vodenu kupelj i stavite Sous Vide u nju. Postavite na 183F.

Poriluku odrežite vrhove i uklonite donji dio. Operite u hladnoj vodi i poprskajte 1 žlicom maslinovog ulja. Posoliti i popapriti. Stavite u vrećicu koja se može vakuumski zatvoriti. Ispustite zrak istiskivanjem vode, zatvorite i uronite vrećicu u vodenu kupelj. Kuhajte 1 sat.

U međuvremenu, za vinaigrette, pomiješajte ljutiku, dijon senf, ocat i 1/4 šalice maslinovog ulja u zdjeli. Posoliti i popapriti. Nakon što se tajmer zaustavi, uklonite vrećicu i prebacite je u kupelj s ledenom vodom. Neka se ohladi. Poriluk stavite u 4 tanjura i posolite. Dodajte škampe i prelijte vinaigretteom. Ukrasite peršinom.

Juha od kokosovih račića

Vrijeme pripreme + kuhanja: 55 minuta | Porcije: 6

Sastojci

8 velikih sirovih kozica, oguljenih i očišćenih

1 žlica maslaca

Sol i crni papar po ukusu

<u>Za juhu</u>

1 kg tikvica

4 žlice soka od limete

2 glavice žutog luka sitno nasjeckanog

1-2 mala crvena čilija, nasjeckana

1 limunska trava, samo bijeli dio, sitno nasjeckana

1 žličica paste od škampa

1 žličica šećera

1½ šalice kokosovog mlijeka

1 žličica paste od tamarinda

1 šalica vode

½ šalice kokosovog vrhnja

1 žlica ribljeg umaka

2 žlice svježeg bosiljka, nasjeckanog

upute

Pripremite vodenu kupelj i stavite Sous Vide u nju. Postavite na 142F. Stavite škampe i maslac u vakuumsku vrećicu koja se može zatvoriti. Posoliti i popapriti. Ispustite zrak istiskivanjem vode, zatvorite i uronite vrećicu u vodenu kupelj. Kuhajte 15-35 minuta.

U međuvremenu ogulite tikvice i izvadite im sjemenke. Narezati na kocke. U procesoru hrane dodajte luk, limunsku travu, čili, pastu od škampa, šećer i 1/2 šalice kokosovog mlijeka. Miješajte dok ne postane glatko.

Zagrijte tavu na laganoj vatri i pomiješajte smjesu luka, preostalo kokosovo mlijeko, pastu od tamarinda i vodu. Dodajte tikvice i kuhajte 10 minuta.

Nakon što se tajmer zaustavi, izvadite škampe i prebacite ih u juhu. Istucite vrhnje od kokosa, sok limete i bosiljak. Poslužite u zdjelicama za juhu.

Medeni losos sa soba rezancima

Vrijeme pripreme + kuhanja: 40 minuta | Porcije: 4

Sastojci

Losos

6 oz fileta lososa, s kožom

Sol i crni papar po ukusu

1 žličica sezamovog ulja

1 šalica maslinovog ulja

1 žlica svježeg đumbira, naribanog

2 žlice meda

Soba sa sezamom

4 oz suhih soba rezanaca

1 žlica ulja sjemenki grožđa

2 češnja češnjaka sitno nasjeckana

½ glavice cvjetače

3 žlice tahinija

1 žličica sezamovog ulja

2 žličice maslinovog ulja

¼ soka od limete

1 narezana stabljika mladog luka

¼ šalice cilantra, grubo nasjeckanog

1 žličica pečenog maka

Kriška limete za ukras

Sezamove sjemenke za dekoraciju

2 žlice korijandera, nasjeckanog

upute

Pripremite vodenu kupelj i stavite Sous Vide u nju. Postavite na 123F. Losos posolite i popaprite. U posudi pomiješajte sezamovo ulje, maslinovo ulje, đumbir i med. Stavite lososa i smjesu u vakuumsku vrećicu koja se može zatvoriti. Dobro protresi. Ispustite zrak istiskivanjem vode, zatvorite i uronite vrećicu u vodenu kupelj. Kuhajte 20 minuta.

U međuvremenu pripremite soba rezance. U tavi na jakoj vatri zagrijte ulje sjemenki grožđa i u njemu miješajući pržite cvjetaču i češnjak 6-8 minuta. U zdjeli dobro izmiješajte tahini, maslinovo ulje, sezamovo ulje, sok limete, korijander, zeleni luk i pržene sjemenke sezama. Procijedite tjesteninu i dodajte je cvjetači.

Zagrijte tavu na jakoj vatri. Pokrijte papirom za pečenje. Nakon što se tajmer zaustavi, izvadite losos i prebacite ga u tavu. Pržiti 1 minutu. Tjesteninu poslužite u dvije zdjelice i dodajte losos. Ukrasite kriškama limete, makom i korijanderom.

Gurmanski jastog s majonezom

Vrijeme pripreme + kuhanja: 40 minuta | Porcije: 2

Sastojci

2 repa jastoga

1 žlica maslaca

2 glavice slatkog luka sitno nasjeckanog

3 žlice majoneze

Posoliti po ukusu

Prstohvat crnog papra

2 žličice soka od limuna

upute

Pripremite vodenu kupelj i stavite Sous Vide u nju. Postavite na 138F.

Zakuhajte vodu u loncu na jakoj vatri. Otvorite oklop repa jastoga i uronite ga u vodu. Kuhajte 90 sekundi. Premjestite u kupelj s ledenom vodom. Ostavite da se ohladi 5 minuta. Odlomite ljuske i odstranite repove.

Stavite rep s maslacem u vakuumsku vrećicu koja se može zatvoriti. Ispustite zrak istiskivanjem vode, zatvorite i uronite vrećicu u vodenu kupelj. Kuhajte 25 minuta.

Nakon što se tajmer zaustavi, uklonite repove i osušite ih. Sjednite sa strane. Ostavite da se ohladi 30 minuta. U zdjeli pomiješajte majonezu, slatki luk, papriku i limunov sok. Odrežite repove, dodajte u smjesu od majoneze i dobro promiješajte. Poslužite uz tostirani kruh.

Party koktel od škampa

Vrijeme pripreme + kuhanja: 40 minuta | Porcije: 2

Sastojci

1 funta škampa, oguljenih i očišćenih

Sol i crni papar po ukusu

4 žlice svježeg kopra, sitno nasjeckanog

1 žlica maslaca

4 žlice majoneze

2 žlice mladog luka, nasjeckanog

2 žličice svježe iscijeđenog soka od limuna

2 žličice paste od rajčice

1 žlica tabasco umaka

4 duguljasta peciva za večeru

8 listova zelene salate

½ limuna, narezanog na kriške

upute

Pripremite vodenu kupelj i stavite Sous Vide u nju. Postavite na 149F. Za začin dobro izmiješajte majonezu, zeleni luk, limunov sok, pastu od rajčice i tabasco umak. Posoliti i popapriti.

Stavite škampe i začine u vakuumsku vrećicu koja se može zatvoriti. U svaki paket dodajte 1 žlicu kopra i 1/2 žlice maslaca. Ispustite zrak istiskivanjem vode, zatvorite i uronite vrećicu u vodenu kupelj. Kuhajte 15 minuta.

Zagrijte pećnicu na 400 F i pecite rolice za večeru 15 minuta. Nakon što se tajmer zaustavi, izvadite vrećicu i ispraznite je. U zdjelu s preljevom stavite škampe i dobro promiješajte. Poslužite na kolutu zelene salate od limuna.

Herby limun losos

Vrijeme pripreme + kuhanja: 45 minuta | Porcije: 2

Sastojci

2 fileta lososa bez kože

Sol i crni papar po ukusu

¾ šalice ekstra djevičanskog maslinovog ulja

1 ljutika narezana na tanke kolutove

1 žlica listića bosiljka, lagano nasjeckanog

1 žličica pimenta

3 oz miješanog povrća

1 limun

upute

Pripremite vodenu kupelj i stavite Sous Vide u nju. Postavite na 128F.

Stavite losos i začinite solju i paprom u vrećicu koja se može zatvoriti. Dodajte kolutiće ljutike, maslinovo ulje, alevu papriku i bosiljak. Ispustite zrak istiskivanjem vode, zatvorite i uronite vrećicu u vodenu kupelj. Kuhajte 25 minuta.

Nakon što se tajmer zaustavi, izvadite vrećicu i prebacite losos na tanjur. Temeljac od kuhanja pomiješajte s malo limunova soka i na to stavite file lososa. Služi.

Slani rep jastoga s maslacem

Vrijeme pripreme + kuhanja: 1 sat 10 minuta | Porcije: 2

Sastojci

8 žlica maslaca

2 repa jastoga, bez oklopa

2 grančice svježeg estragona

2 žlice kadulje

Posoliti po ukusu

kriške limuna

upute

Pripremite vodenu kupelj i stavite Sous Vide u nju. Postavite na 134F.

Stavite repove jastoga, maslac, sol, kadulju i estragon u vrećicu koja se može vakuumski zatvoriti. Ispustite zrak istiskivanjem vode, zatvorite i uronite vrećicu u vodenu kupelj. Kuhajte 60 minuta.

Nakon što se tajmer zaustavi, izvadite vrećicu i prebacite jastoga na tanjur. Odozgo premažite maslacem. Ukrasite kriškama limuna.

Tajlandski losos s rezancima od cvjetače i jaja

Vrijeme pripreme + kuhanja: 55 minuta | Porcije: 2

Sastojci

2 fileta lososa s kožom

Sol i crni papar po ukusu

1 žlica maslinovog ulja

4½ žlice soja umaka

2 žlice mljevenog svježeg đumbira

2 tanko narezana tajlandska čilija

6 žlica sezamovog ulja

4 oz pripremljenih rezanaca od jaja

6 oz kuhanih cvjetova cvjetače

5 žličica sezamovih sjemenki

upute

Pripremite vodenu kupelj i stavite Sous Vide u nju. Postavite na 149F. Pripremite lim za pečenje obložen aluminijskom folijom i na njega stavite losos, posolite ga i popaprite, pa prekrijte drugom aluminijskom folijom. Pecite u pećnici 30 minuta.

Pečeni losos stavite u vrećicu koja se može vakumirati. Ispustite zrak istiskivanjem vode, zatvorite i uronite vrećicu u vodenu kupelj. Kuhajte 8 minuta.

U posudi pomiješajte đumbir, čili, 4 žlice soja umaka i 4 žlice sezamovog ulja. Kad se tajmer zaustavi, izvadite vrećicu i prebacite losos u zdjelu za tjesteninu. Ukrasite prženim sjemenkama i kožom lososa. Prelijte umakom od đumbira i čilija i poslužite.

Lagani brancin s koprom

Vrijeme pripreme + kuhanja: 35 minuta | Porcije: 3

Sastojci

Čileanski brancin od 1 funte, bez kože

1 žlica maslinovog ulja

Sol i crni papar po ukusu

1 žlica kopra

upute

Pripremite vodenu kupelj i stavite Sous Vide u nju. Postavite na 134F. Začinite brancina solju i paprom i stavite u vakuumsku vrećicu koja se može zatvoriti. Dodajte kopar i maslinovo ulje. Ispustite zrak istiskivanjem vode, zatvorite i uronite vrećicu u vodenu kupelj. Kuhajte 30 minuta. Nakon što se tajmer zaustavi, izvadite vrećicu i prebacite brancina na tanjur.

Promiješajte pržene slatke chili kozice

Vrijeme pripreme + kuhanja: 40 minuta | Porcije: 6

Sastojci

1½ kilograma škampa

3 sušena crvena čilija

1 žlica naribanog đumbira

6 režnjeva protisnutog češnjaka

2 žlice šampanjca

1 žlica soja umaka

2 žličice šećera

½ žličice kukuruznog škroba

3 zelena luka, nasjeckana

upute

Pripremite vodenu kupelj i stavite Sous Vide u nju. Postavite na 135F.

Pomiješajte đumbir, režnjeve češnjaka, čili, šampanjac, šećer, sojin umak i kukuruzni škrob. Stavite oguljene škampe sa smjesom u vrećicu koja se može zatvoriti. Ispustite zrak istiskivanjem vode, zatvorite i potopite u vodenu kupelj. Kuhajte 30 minuta.

Stavite zeleni luk u tavu na srednje jaku vatru. Dodajte ulje i kuhajte 20 sekundi. Nakon što se tajmer zaustavi, izvadite kuhane škampe i prebacite ih u zdjelu. Ukrasite lukom. Poslužite s rižom.

Voćne tajlandske kozice

Vrijeme pripreme + kuhanja: 25 minuta | Porcije: 4

Sastojci

2 kilograma oguljenih i očišćenih škampa

4 oguljene i nasjeckane papaje

2 ljutike, narezane na ploške

¾ šalice cherry rajčice, prerezane na pola

2 žlice nasjeckanog bosiljka

¼ šalice suhog pečenog kikirikija u tavi

Tajlandski preljev

¼ šalice soka od limete

6 žlica šećera

5 žlica ribljeg umaka

4 češnja češnjaka

4 mala crvena čilija

upute

Pripremite vodenu kupelj i stavite Sous Vide u nju. Postavite na 135F. Stavite škampe u vrećicu koja se može vakuumski zatvoriti. Ispustite zrak istiskivanjem vode, zatvorite i uronite vrećicu u vodenu kupelj. Kuhajte 15 minuta. U zdjeli dobro izmiješajte sok limete, riblji umak i šećer. Zgnječite češnjak i čili. U smjesu dodajte preljev.

Nakon što se tajmer zaustavi, izvadite škampe iz vrećice i prebacite ih u zdjelu. Dodajte papaju, tajlandski bosiljak, mladi luk, rajčice i kikiriki. S preljevom od glazure.

Dublinska hrana s kozicama s limunom

Vrijeme pripreme + kuhanja: 1 sat 15 minuta | Porcije: 4

Sastojci

4 žlice maslaca

2 žlice soka od limete

2 češnja svježeg češnjaka, sitno nasjeckana

1 žličica svježe korice limete

Sol i crni papar po ukusu

1 funta jumbo škampa, oguljenih i kuhanih

½ šalice panko krušnih mrvica

1 žlica svježeg peršina, nasjeckanog

upute

Pripremite vodenu kupelj i stavite Sous Vide u nju. Postavite na 135F.

Zagrijte 3 žlice maslaca u tavi na srednje jakoj vatri i dodajte sok limete, sol, papar, češnjak i koricu. Ostavite da se ohladi 5 minuta. Stavite škampe i smjesu u vrećicu koja se može vakuumski zatvoriti. Ispustite zrak istiskivanjem vode, zatvorite i uronite vrećicu u vodenu kupelj. Kuhajte 30 minuta.

U međuvremenu zagrijte maslac u tavi na srednje jakoj vatri i tostirajte panko krušne mrvice. Kad se tajmer zaustavi, izvadite škampe, prebacite ih u vrući lonac i kuhajte u juhi. Poslužite u 4 zdjelice za juhu i pospite prezlama.

Sočne dagnje s umakom od čilija i češnjaka

Vrijeme pripreme + kuhanja: 75 minuta | Porcije: 2

Sastojci

2 žlice žutog curry praha

1 žlica pirea od rajčice

½ šalice kokosovog vrhnja

1 žličica umaka od čilija i češnjaka

1 žlica soka od limuna

6 Jakovljeva kapa

Kuhana smeđa riža, za posluživanje

Svježi korijander, nasjeckan

upute

Pripremite vodenu kupelj i stavite Sous Vide u nju. Postavite na 134F.

Pomiješajte kokosovo vrhnje, pastu od rajčice, curry prah, sok limete i umak od čilija i češnjaka. Stavite smjesu s ljuskama u vakuumsku vrećicu koja se može zatvoriti. Ispustite zrak istiskivanjem vode, zatvorite i uronite vrećicu u vodenu kupelj. Kuhajte 60 minuta.

Nakon što se tajmer zaustavi, izvadite vrećicu i prebacite je na tanjur. Poslužite smeđu rižu i na vrh stavite školjke. Ukrasite korijanderom.

Curry škampi s rezancima

Vrijeme pripreme + kuhanja: 25 minuta | Porcije: 2

Sastojci

1 kg škampa, s repovima

8 oz rezanci, kuhani i ocijeđeni

1 žličica rižinog vina

1 žličica curry praha

1 žlica soja umaka

1 mladi luk, narezan na ploške

2 žlice biljnog ulja

upute

Pripremite vodenu kupelj i stavite Sous Vide u nju. Postavite na 149F. Stavite škampe u vrećicu koja se može vakuumski zatvoriti. Ispustite zrak istiskivanjem vode, zatvorite i uronite vrećicu u vodenu kupelj. Kuhajte 15 minuta.

Zagrijte ulje u tavi na srednje jakoj vatri pa dodajte rižino vino, curry prah i sojin umak. Dobro izmiješajte i zamijesite tijesto. Nakon što se tajmer zaustavi, izvadite škampe i prebacite ih u smjesu tjestenine. Ukrasite zelenim lukom.

Pikantni kremasti bakalar s peršinom

Vrijeme pripreme + kuhanja: 40 minuta | Porcije: 6

Sastojci

<u>Za bakalar</u>

6 fileta bakalara

Posoliti po ukusu

1 žlica maslinovog ulja

3 grančice svježeg peršina

<u>Za umak</u>

1 šalica bijelog vina

1 šalica pola-pola vrhnja

1 sitno nasjeckani češnjak

2 žlice nasjeckanog kopra

2 žličice crnog papra

upute

Pripremite vodenu kupelj i stavite Sous Vide u nju. Postavite na 148F.

Filete bakalara začinjene solju stavite u vrećice koje se mogu vakuumirati. Dodajte maslinovo ulje i peršin. Ispustite zrak istiskivanjem vode, zatvorite i uronite vrećicu u vodenu kupelj. Kuhajte 30 minuta.

Zagrijte lonac na srednjoj vatri, dodajte vino, luk i crni papar u zrnu i kuhajte dok ne omekša. Kremu miksati pola-pola dok se ne zgusne. Nakon što se tajmer zaustavi, stavite ribu na tanjur i prelijte je umakom.

Francuski Pot de Rillettes s lososom

Vrijeme pripreme + kuhanja: 2 sata 30 minuta | Porcije: 2

Sastojci

½ kilograma fileta lososa bez kože

1 žličica morske soli

6 žlica maslaca

1 glavica luka sitno nasjeckana

1 režanj češnjaka nasjeckan

1 žlica soka od limete

upute

Pripremite vodenu kupelj i stavite Sous Vide u nju. Postavite na 130F. Stavite losos, neslani maslac, morsku sol, režnjeve češnjaka, luk i limunov sok u vrećicu koja se može zatvoriti. Ispustite zrak istiskivanjem vode, zatvorite i uronite vrećicu u vodenu kupelj. Kuhajte 20 minuta.

Nakon što se tajmer zaustavi, izvadite lososa i prebacite ga u 8 malih zdjelica. Začiniti temeljcem od kuhanja. Ostavite da se ohladi u hladnjaku 2 sata. Poslužite uz kriške prepečenog kruha.

Losos od kadulje s pireom od kokosa

Vrijeme pripreme + kuhanja: 1 sat 30 minuta | Porcije: 2

Sastojci

2 fileta lososa, s kožom

2 žlice maslinovog ulja

2 grančice kadulje

4 češnja češnjaka

3 krumpira, oguljena i nasjeckana

¼ šalice kokosovog mlijeka

1 vezica dugine blitve

1 žlica naribanog đumbira

1 žlica soja umaka

Morska sol po ukusu

upute

Pripremite vodenu kupelj i stavite Sous Vide u nju. Postavite na 122F. Stavite losos, kadulju, češnjak i maslinovo ulje u vrećicu koja se može vakuumirati. Ispustite zrak istiskivanjem vode, zatvorite i uronite vrećicu u vodenu kupelj. Kuhajte 1 sat.

Zagrijte pećnicu na 375F. Krompir premažite uljem i pecite 45 minuta. Prebacite krumpir u blender i dodajte kokosovo mlijeko.

Posoliti i popapriti. Miksajte 3 minute dok smjesa ne postane glatka.

U tavi na srednje jakoj vatri zagrijte maslinovo ulje i na njemu popržite đumbir, blitvu i soja umak.

Nakon što se tajmer zaustavi, izvadite losos i prebacite ga u vruću tavu. Pržiti 2 minute. Stavite na tanjur, dodajte pire krumpir i na vrh stavite prženu tjesteninu za posluživanje.

Dječje jelo od hobotnice s koprom

Vrijeme pripreme + kuhanja: 60 minuta | Porcije: 4

Sastojci

1 kg mlade hobotnice

1 žlica maslinovog ulja

1 žlica svježe iscijeđenog soka od limuna

Sol i crni papar po ukusu

1 žlica kopra

upute

Pripremite vodenu kupelj i stavite Sous Vide u nju. Postavite na 134F. Stavite hobotnicu u vakuumsku vrećicu koja se može zatvoriti. Ispustite zrak istiskivanjem vode, zatvorite i uronite vrećicu u vodenu kupelj. Kuhajte 50 minuta. Nakon što se tajmer zaustavi, izvadite hobotnicu i obrišite je suhom. Hobotnicu pomiješajte s malo maslinova ulja i limunova soka. Začinite solju, paprom i koprom.

Slani losos u holandskom umaku

Vrijeme pripreme + kuhanja: 1 sat 50 minuta | Porcije: 4

jaSastojci

4 fileta lososa

Posoliti po ukusu

<u>holandski umak</u>

4 žlice maslaca

1 žumanjak

1 žličica soka od limuna

1 čajna žličica vode

½ ljutike narezane na kockice

Prstohvat paprike

upute

Posolite losos. Ostavite da se ohladi 30 minuta. Pripremite vodenu kupelj i stavite Sous Vide u nju. Postavite na 148F. Stavite sve sastojke za umak u vrećicu koja se može vakuumski zatvoriti. Ispustite zrak istiskivanjem vode, zatvorite i uronite vrećicu u vodenu kupelj. Kuhajte 45 minuta.

Nakon što se tajmer zaustavi, uklonite vrećicu. Ostavite to sa strane, ignorirate. Smanjite temperaturu Sous Videa na 120 F i stavite lososa u vakuumsku vrećicu koja se može zatvoriti. Ispustite zrak istiskivanjem vode, zatvorite i uronite vrećicu u vodenu kupelj. Kuhajte 30 minuta. Prebacite umak u blender i miksajte dok ne postane svijetložut. Nakon što se tajmer zaustavi, izvadite losos i osušite ga tapkanjem. Poslužite preliveno umakom.

Nevjerojatan losos od limuna i bosiljka

Vrijeme pripreme + kuhanja: 35 minuta | Porcije: 4

Sastojci

2 kilograma lososa

2 žlice maslinovog ulja

1 žlica nasjeckanog bosiljka

Korica od 1 limuna

Sok od 1 limuna

¼ žličice češnjaka u prahu

Morska sol i crni papar po ukusu

upute

Pripremite vodenu kupelj i stavite Sous Vide u nju. Postavite na 115F. Stavite losos u vakuumsku vrećicu koja se može zatvoriti. Ispustite zrak istiskivanjem vode, zatvorite i uronite vrećicu u vodenu kupelj. Kuhajte 30 minuta.

U međuvremenu dobro pomiješajte papar, sol, bosiljak, limunov sok i češnjak u prahu u zdjeli dok ne postane emulgiran. Nakon što se tajmer zaustavi, izvadite losos i prebacite ga na tanjur. Sačuvajte temeljac od kuhanja. Zagrijte maslinovo ulje u tavi na jakoj vatri i propirjajte ploške češnjaka. Češnjak ostavite sa strane. Stavite losos u tavu i kuhajte 3 minute dok ne porumeni. Na tanjur i na vrh stavite ploške češnjaka.